# PETER KOCH

## BILDER

STAATLICHE AKADEMIE DER BILDENDEN KÜNSTE
STUTTGART
18. JANUAR – 8. FEBRUAR 1990

Titelbild:
„Kugellager auf Rosen",
„Ballbearing on Roses",
1989, 110 x 150 cm

Abbildung rechte Seite:
„Portrait Georg Mrowetz, Architektur",
„Portrait of Georg Mrowetz, Architecture",
1989, 200 x 135 cm

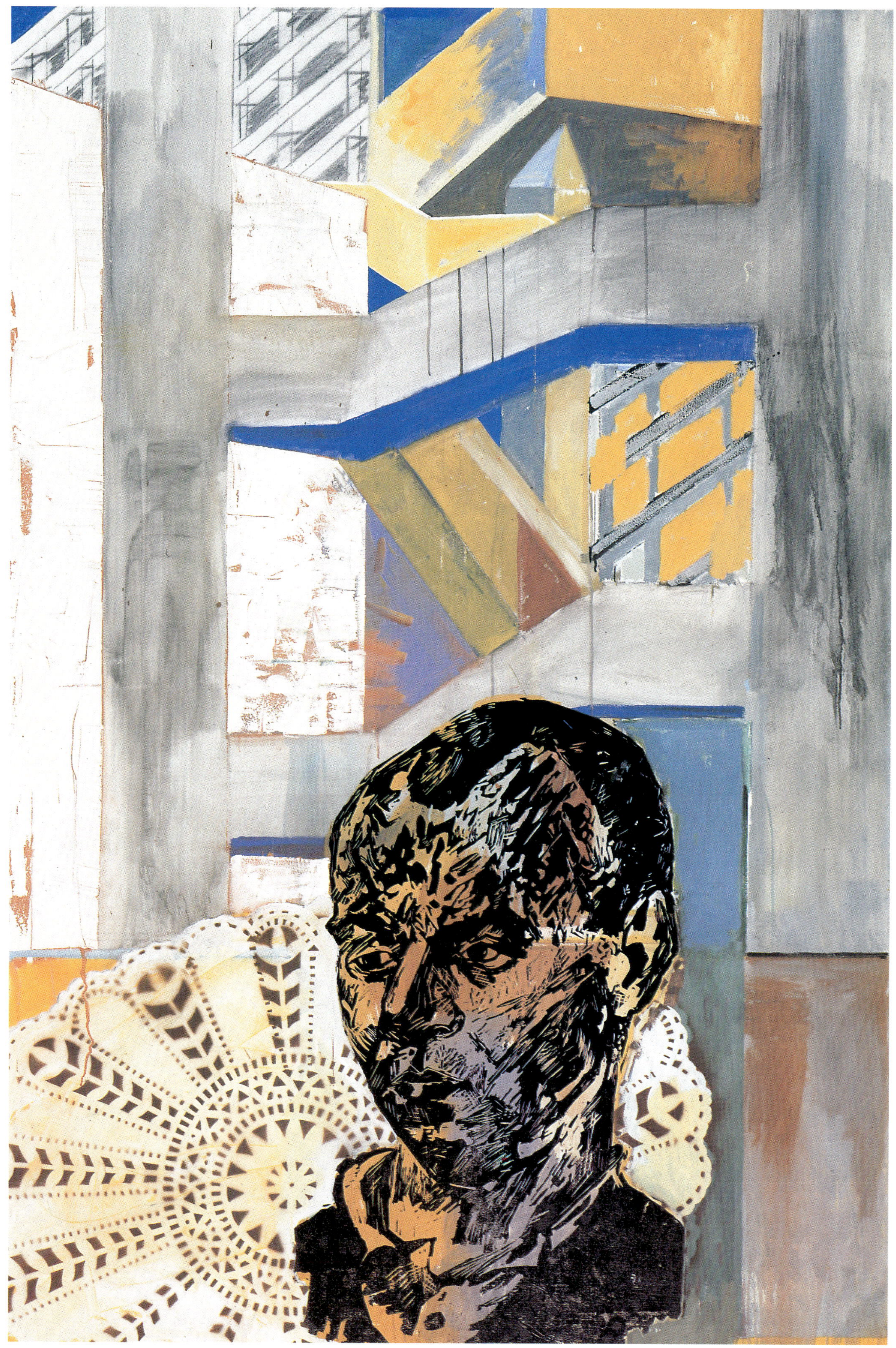

# Diesseits und jenseits der Realitäten

Ausflug in die Werkstatt von Peter Koch

Wenn etwas Gemeinsames die Kunst in den achtziger Jahren unseres Jahrhunderts charakterisiert, so ist es das Fehlen eines Stils, einer Ideologie, eines verbindlichen Wollens. Dennoch oder gerade wegen diesem überall spürbaren Hang zum Individuellen, zur größten Subjektivität und Unverbindlichkeit bekommen einige herausragende deutsche Kunst-Akademien mit ihren Lehrern ein besonderes Gewicht, da sie das tragende Fundament und den Orientierungspunkt für die spätere abgekoppelte künstlerische Leistung ihrer Absolventen bilden. Düsseldorf, Hamburg, Berlin, Stuttgart und Karlsruhe, die sich durch ihre Akademien zu regionalen Kunstzentren entwickelt haben, stehen hier an besonders exponierter Stelle.

Die Pluralität der für den heute heranwachsenden Künstler zu verarbeitenden Errungenschaften der Moderne sowie die kategorische Forderung nach Freiheit und Autonomie des Ausdrucks und der Mittel bis hin zur Verabschiedung des Tafelbildes bedingen eine nicht leicht zu bewältigende persönliche Standortbestimmung. Die Künstler versuchen heute wie seit Beginn der Moderne, durch lockere Gruppierungen – verbunden mit einem gemeinsamen Gedankenaustausch und einer zumindest in den Anfängen zu beobachtenden Orientierungsphase an der Kunst ihrer Lehrer und an anderen Vorbildfiguren – eine Basis zu finden, um dann eigene Wege umso sicherer einschlagen zu können.

Peter Koch, 1958 in Stuttgart geboren, fand seinen Ausgangspunkt gleich in drei der genannten Akademien: in Stuttgart, wo er vor dem Besuch der Akademie auch eine Ausbildung als Photograph absolvierte, in Berlin und in Düsseldorf. Zu seinen Lehrern zählten dort keine geringeren als Georg Baselitz und Dieter Krieg. Der Schwabe Koch ist einer jener Maler, die visuell in einem ganz besonderen Maße empfänglich sind, auf die die Welt der äußeren und inneren Erscheinungen vehement einstürmt. Sein Problem liegt eher im Drosseln und Sublimieren, als im Suchen von Bildinhalten und malerischen Möglichkeiten. Koch ist sicherlich kaum als ein fanatischer Einzelkämpfer zu bezeichnen, der den Paradigmenwechsel sucht; er hat sich nicht dem „Fortschrittsbegriff" verschrieben, den schon Adorno als ein Relikt des 19. Jahrhunderts betrachtete. Mit der ihm auch menschlich eigenen Ruhe und Sicherheit sichtet und bewertet er das bereits Gewesene in der Malerei und das, was um ihn herum in der Kunst geschieht. Er sucht den Kontakt, die klärende Diskussion, den geistigen Austausch, aus denen heraus er seine eigenen Konzepte entwickelt. Zu seinem Freundeskreis gehören unter anderem Jörg Eberhard, Bernd Hötzel, Edith Oellers und Bernd Petri. Hier und da entdeckt man Gemeinsamkeiten mit diesen und anderen jungen, in Düsseldorf, Köln oder Stuttgart lebenden Künstlern und Künstlerinnen, die aber schließlich in

seinem Werk einer ganz persönlichen ästhetischen Ausgewogenheit und Dynamik weichen.

Als Peter Koch neunzehnjährig mit dem Studium der Malerei begann, glich sein künstlerischer Ausgangspunkt in etwa demjenigen, wie ihn sein späterer Lehrer Dieter Krieg in einer provokativen, gemeinsam mit Studenten an der Städelschule in Frankfurt 1976 durchgeführten Aktion als allgemeine künstlerische Situation demonstrierte. Unter dem Motto „Allen Künstlern herzlichen Dank" wurde anhand eines tagelang dauernden Ablesens der im mehrbändigen Künstlerlexikon von Thieme und Becker aufgeführten Maler, Bildhauer und Architekten zur Diskussion gestellt, an welchem kunsthistorischen Punkt der Künstler angesichts seiner unzähligen Vorläufer in der zweiten Hälfte des 20. Jahrhunderts angelangt ist. Wieweit soll er sich nach all den individuellen und kollektiven Leistungen noch um einen eigenen Stil und um einen persönlichen Stellenwert bemühen? Die Welt wird durch unsere sekundären Systeme nicht mehr in der Zuverlässigkeit erfahren wie in früheren Jahrhunderten. Der mimetischen Abbildung kann daher keine Bedeutung mehr beigemessen werden.

Zum damaligen Zeitpunkt war die Konzept-Kunst gerade auf ihrem Höhepunkt. Ihre Vertreter hatten sich von den sinnlichen und visuellen Erfahrungswerten der Malerei abgewandt und sich einer immateriellen, intellektuellen Kunst zugewandt. Die späten siebziger Jahre enthielten gleichzeitig den Keim zu einem neu erwachenden Interesse an einer spontanen, subjektivistischen und figurativ betonten Malerei. Parallel zu diesen Entwicklungen vollzog sich die historisch orientierte Malerei der Postmoderne.

Im Schnittpunkt solcher konträren und doch sich bedingenden Positionen, inmitten einer gewissen Ratlosigkeit auch, wie sie sich in Kriegs Aktion theoretisch manifestierte, fanden die Schüler dieses Malers damals ihren Ausgangspunkt. Unter ihnen ist Peter Koch sicherlich einer der ernsthaftesten und begabtesten. In seinem noch jungen Werk finden sich angeeignete Konzepte und persönliche Sehweisen qualitativ verdichtet.

Kochs Bildwelt ist in diesem Spannungsfeld der vielfältigen malerischen Möglichkeiten unseres Jahrhunderts zu betrachten. Da er keine Probleme und Berührungsängste mit dem Erbe des 20. Jahrhunderts hat, befaßt er sich auf eine betont konstruktive Weise mit den verschiedensten Techniken, Stilen und Künstlerbiographien. Bewußt macht er sich die visuellen Erfahrungen und Gedankengebäude der Kunst des 20. Jahrhunderts zu eigen, um auf diesem Wege neue methodische Ansätze zu entwickeln. Diese Zueignung, die Novalis als „das unaufhörliche Geschäft des Geistes" bezeichnet hat, verbindet Koch mit der eigenen inneren Vorstellungskraft und Imagination und mit neuen Techniken.

Gerade weil sich dieser junge Künstler bereits der Souveränität seiner eigenen Mittel sicher ist, weil die geistige Auseinandersetzung mit bisherigen kulturellen Errungenschaften zu seiner Strategie gehört, kann er sich offen zu den Einflüssen seines geographischen und kulturellen Umfeldes und zu seinen geistigen Vätern bekennen. Paul Cézanne, Fernand Léger, Georg Baselitz, Dieter Krieg, auch Per Kirkeby werden genannt. Genauso unverfälscht legt er die Strukturen, Techniken und Materialien seiner Kunst frei. Schon von daher darf man einen Wahrheitsanspruch in seiner Malerei vermuten, wie er nicht allen Künstlern seiner Generation eigen ist. Die Stärke des Malers Koch liegt nicht zuletzt darin, daß er die Vielfalt des Gesehenen, Gewußten, Erdachten und Erlebten zu einer individuellen künstlerischen Einheit verbindet. Insofern steht Peter Koch im Ansatz gewissen Tendenzen der Postmoderne nahe.

Seine Bilder muten in ihrer farbigen dekorativen Kraft auf den ersten Blick oftmals kulissenhaft an. Dynamisches und Statisches durchdringen sich und erhalten ihr Gerüst durch eine raffinierte Konstruktionskunst. Koch macht sich die gestalt-psychologischen Erkenntnisse zunutze, daß jede Wahrnehmung dynamisch ist und vom Reiz des Kontrastes ebenso wie von formalen Konstanten lebt. Koch's Stil resultiert letztlich aus der Synthese von linearen, farblichen, technischen und inhaltlichen Spannungen und Gegensätzen. Auf Tiefenwirkung, Räumlichkeit, Perspektive oder herkömmliche Proportionslehren wird weitgehend verzichtet. Den dargestellten Gegenständen wird – einem Ausspruch Fernand Legers analog – sozusagen der Tisch weggezogen.

Koch treibt ein freies Spiel mit den Volumen, der formalen Kraft und den jeweiligen perspektivischen Erstreckungen der Gegenstände im freien imaginären Raum. Zu diesem Spiel gehört auch die Vielfalt des handwerklichen Vorgehens und der Materialimitation. Beides bedeutet einen der anregendsten und eigenständigsten Aspekte in seinem Werk. Malerei ist zwar auch für ihn immer noch so etwas wie eine „Urzustandskunst", wie die von ihm geschätzte Österreicherin Maria Lassnig es formulierte, doch er versucht, unserem technischen und multimedial ausgerichteten Zeitalter entsprechend, durch die Einbeziehung unklassischer Drucktechniken die Grenzen der Tafelmalerei wiederum zu sprengen.

Peter Koch ist Maler und Handwerker zugleich. Wir finden in seinen Gemälden, dem seit dem Kubismus und Dadaismus bekannten Prinzip der Collage folgend, übermalte Fotos und Fotokopien, Sieb- und Linoldrucke sowie mit malerischen Mit-

teln erzielte Materialstrukturen wie die von Marmor, Holz und Textilien. In dieser handwerklichen Ausrichtung grenzt Koch sich von den meisten Malern seiner Generation ab, die entweder mit einem breiten Pinsel in der Hand und Musik im Ohr in oftmals wenigen Stunden gestisch betonte, subjektivistische Bilder malen oder eine akademisch- bis neoklassizistisch verfeinerte Malerei pflegen, welche teilweise kritische oder ironische Kommentare zur Situation der Gegenwart enthalten. Kochs Bilder sind auf einer erweiterten, persönlich-idealistischen wie auch historischen Ebene zu diskutieren. Er belebt, wenn man so will, die gegen Ende des vorigen Jahrhunderts aufkommende „Arts und Crafts"-Bewegung wieder, welche auf den Spuren des Mitttelalters, Kunst und Handwerk, Kunst und Lebensumwelt zu verbinden suchte. Schon in der Antike gehörten Kunst und Technik, Ästhetik und Handwerk untrennbar zusammen. Auch Assoziationen an den sogenannten Synthetischen Kubismus eines Picasso, Braque und Gris oder auch an dadaistische Collagen stellen sich angesichts mancher von verschiedenen Malstrukturen – etwa von Holztexturen oder typographischen Relikten – durchzogenen Bilder ein.

Es liegt nahe, daß sich eine solche, von verschiedenen Texturen, Mustern, Techniken und stilistischen Prinzipien getragene Kunst dem Zufall und dem Experiment öffnet. So bleibt im Verlaufe der Arbeitsweise auch das verwendete Malmaterial selten konstant. Zumeist beginnt Koch mit einer dünnen Eitempera und mit Leimfarbe, die er dann immer öliger werden läßt. Die zumeist mehrfach aufgetragenen Farbschichten bestimmen in ihrem pastosen Charakter wesentlich den ästhetischen Eindruck und die dichte Substanz der Bilder.

Peter Koch hat sich neben der Malerei immer wieder seit seiner Ausbildungszeit auch mit der Photographie beschäftigt, die er als visuelle Vorbereitung für die spätere Malerei 1978 auf einer Stuttgarter Photoschule erlernte. Das Photo, das er oftmals als Motivvorlage verwendet oder auch übermalt ins Bild einbringt, kommt seinen Intentionen entgegen, Ausschnitte der Umwelt präzise festzuhalten und sie fragmentarisch auf verschiedenen Ebenen zu einer neu durchstrukturierten Bildeinheit zusammenzusetzen. Dabei mischt sich oft Photorealistisches mit abstrakt Expressivem, informelle Farbakkorde verbinden sich mit konstruktiven Elementen zu einem ästhetischen Gleichgewicht. Es sind zumeist die optischen Reize der unmittelbaren Umgebung, die den Maler zu einem Bild inspirieren, sei es eine Frucht, ein Körperteil oder ein Architekturfragment. Als Photograph studiert er ihm persönlich interessant erscheinende Motive seiner Umgebung zunächst mit dem unbestechlichen Blick des Kameraauges, um sie schließlich als Maler in einen ganzheitlichen, persönlich interpretierten Zusammenhang zu bringen. Gesehenes, Photographiertes, magische Dingerfahrungen werden in ein eigenes Ordnungsgefüge gebracht, so wie Cézanne die Bildfläche aus einzelnen stereometrischen Farb-Form-Elementen einheitlich zusammensetzte und so der Welt im Bild eine eigene geordnete Harmonie verlieh.

So anspruchsvoll und kompliziert Koch in seiner Malerei vorgeht, so betont einfach ist sein Thema. Es ist die von jedermann gesehene, aber doch zumeist nicht derart bewußt oder verschärft wahrgenommene unmittelbare Umgebung eines urbanen menschlichen oder vegetativen Umfeldes. Kein Motiv kann banal genug sein, um ihm nicht einen ästhetischen Reiz, eine Poesie, eine Zeitkritik entnehmen zu können. Gerade die einfachsten visuellen Anstöße, aufgebaut aus der ersten Empfindung der Wahrnehmung und dem kognitiven Folgeprozeß, sind oftmals bei Koch der Auslöser für ein kompliziert strukturiertes und zugleich malerisch subtil durchgearbeitetes Bild. Der primären psycho-physikalischen Wahrnehmung setzt er als Maler einen starken Gestaltungswillen entgegen, hinter dem der vordergründige Inhalt ebenso wie die Person des Künstlers zurücktreten.

Selbst in der von individuellen Aspekten und emotionalen Momenten getragenen Porträtmalerei muß sich die Darstellung eines Gesichtes oder einer Gestalt letztlich den Forderungen des Bildes unterordnen. Der Anlaß für ein Porträtbild ist oft persönlich, und am Anfang eines jeden durchkomponierten Gemäldes steht der eigene Umgang mit dem dargestellten Menschen. Ihm folgt die Analyse der Lebens- und Umweltgewohnheiten der Person, die ins Bild geholt werden soll, und ihr zuzuordnende Objekte. Nach strengen formalen und tektonischen Prinzipien werden Gegenstände, Früchte oder Pflanzen als individuelle Chiffren in ein persönliches und formales Bezugssystem gebracht.

In der Hinwendung zum Menschen kommt der Einfluß seines Lehrers Baselitz zur Geltung, der der „entmythologisierten" Menschendarstellung des 20. Jahrhunderts ein neues Gewicht verliehen hat. In der Provokation von an sich unüblichen Bildgegenständen wie etwa einem Stück Speck, einem Seil oder einem Messer wird man an die befremdende Bildwelt von Dieter Krieg erinnert.

Die vor allem in Kochs jüngsten Bildern festzustellende Inhomogenität inhaltlicher wie auch formaler Strukturen, die er technisch und ästhetisch zu einer Synthese bringt, darf als ein wesentlicher Bestandteil seiner Malerei betrachtet werden. Kubisches findet sich neben Vegetabilem, organisch Gewachsenes neben tektonisch Konstruiertem, etwa eine Melone neben einer Wendeltreppe, ein Stück Speck neben dem gestreiften Trikot eines Sportlers. Für diese ihm „ideal" erscheinenden Dinge einer persönlichen Sehweise schafft er aus freier Phantasie einen Idealraum. Aus dem Gesamtbild setzt sich ein neuer Realitätsbezug zusammen. Naturgesetzliches und menschliche Praktiken werden verglichen. Die Wendeltreppe beispielsweise ist aus ihrer Funktion heraus ebenso perfekt konstruiert wie die Melone oder eine schwangere Gestalt. Das sogenannte Banale wird zu einem integrierenden Moment der Ästhetik, die Spannung oft unvereinbar erscheinender Gegensätze ersetzt ein klassischen Idealen entgegengerichtetes Gleichgewicht. Einfachste Elemente einer alltäglichen Umgebung erhalten durch ihre Kombination den Charakter von Alltags-Poesie oder auch der Zeitkritik.

Seit 1986 etwa zeigen Kochs Bilder das Bemühen, das Konstruktive und die Präzision der technisch-handwerklichen Durcharbeitung durch einen nuancierten Farbauftrag malerisch zu sublimieren, die spontane Geste durch ein abwägendes Kalkül auszugleichen, in der Spannung die Beruhigung, in der Vielfalt die Einheit zu suchen. Kochs Suche gilt zweifellos der „Harmonie von Gegensätzen", welche schon das zentrale Anliegen des späten Mondrians war. In den frühen Jahren, von 1983 bis 1986, zeigten sich seine Bilder dagegen noch formal aufgelöster entsprechend der frühen kunstakademischen Ausbildung und den fauvistischen Tendenzen der frühen achtziger Jahre. So reizvoll diese Bilder in ihrem koloristischen Zusammenklang und der lockeren Pinselschrift sind, so zeigen sie sich doch noch ganz der allgemeinen neoexpressiven Malerei dieser Jahre zugehörig.

Bei den jüngst entstandenen Bildern handelt es sich bei aller sinnenhaften formalen und farblichen Fülle dagegen eher um eine bohrende Suche nach Gewichtung, Ausgewogenheit und Reduzierung der Form. Die von Cézanne vor über hundert Jahren eingeleitete Suche nach Maß und Gesetz in der malerischen Gestaltung, die auf die Sinnlichkeit der Außenweltreize nicht verzichten möchte, wird in Kochs Malerei mit den vielfältigen, den heutigen Künstlern zur Verfügung stehenden Mitteln und unter neuen ikonographischen und psychologischen Mitteln fortgesetzt. Koch steht aber auch in der malerischen Tradition von Matisse, der die sichtbare Realität nach den Gesetzen des formalen Gleichgewichts und der farblichen Harmonie in ein autarkes Bildwerk umzuwandeln suchte.

Die in diesem Katalog gezeigten Gemälde lassen keine eindeutige Klassifikation zu. Sie verfolgen keine direkte Absicht und ordnen sich keinem Stil unter. Dem Idealismus verpflichtet, haben sie ganz einfach das Anliegen, als Maler die Welt im Bilde diesseits und jenseits der optisch erfahrbaren Realitäten neu zu sehen, zu deuten und zu ergründen.

Christa Murken-Altrogge, Aachen

# The two sides of realities

A visit in the workshop of Peter Koch

If there is any mutual characterization in the art of the eighties in this century it is the lack of style, of ideology, of obligatory intention. Because of this inclination to individuality, to major subjectivity and disobligation, some of the most famous German Academies of Art and their teachers claim to be the basis for the work individually achieved by their students. Due to their Academies of Art the cities of Düsseldorf, Hamburg, Berlin, Stuttgart, and Karlsruhe have developed into outstanding regional centers of art. Young Artists have a hard time to find their personal identity in view of overcoming a plurality of the achievements of contemporary art. Ever since the beginning of modern age artists have met in groups of mutual interests to exchange ideas thus creating a basis to find their own trends and ways.

Peter Koch, born in 1958 in Stuttgart, had his starting point in three of the above mentioned academies: Stuttgart, where he also learned the trade of a photographer; in Berlin and in Düsseldorf. Among others he was educated by Georg Baselitz and Dieter Krieg. Peter Koch is one of those painters whose visual susceptibility is very strong. In his work he rather has to show down and go into details instead of searching for picture contents and painting possibilities. Peter Koch can certainly not be defined as a fanatic who looks for paradigmatic changes, he is not obliged to the "ideas of progress", as already described by Adorno to be a relict of the 19th century.

Silently and with great certainty he checks and evaluates thing in painting as well as everything in art happening around him. He is open to contacts, clarifying discussions, mutual exchange from which he develops his own concepts. He has close friendships with artists like Jörg Eberhard, Bernd Hötzel, Edith Oellers, and Bernd Petri. Now and then mutualities can be seen in the work with other young artists living in Düsseldorf, Köln or Stuttgart. However, these mutualities are shown in his very personal aesthetic balance and dynamics.

When Peter Koch started his studies of painting at the age of 19, he had a similar start like his future teacher Dieter Krieg, who demonstrated the artistic situation together with students of the Staedelschule in Frankfurt in 1976 in a provocative action. Under the motto „Thanks to all Artists" all the painters, sculptors, and architects mentioned in the encyclopedia of Thieme & Becker were put for discussion. The question was, how can one develop ones own personal style after all the individual and collective efforts in the second half of the 20th century.

Among the students of Dieter Krieg, Peter Koch is certainly one of the most serious and capable ones. His still young œuvre reveals adapted concepts as well as personal visuality in a qualitative concentration. This is the frame of Koch's picture world with all its painting possibilities taken into consideration. Neither problems nor the anxiety of contacts with the heritage of the 20th century prevent him to work constructively with most different techniques, styles, and biographies of artists.

To develop methodical tendencies he adapts visual experiences and the world of ideas of the art of this century. This dedication – which Novalis called the "never ending business with spirit" – is combined by Peter Koch with his own mental image, imagination, and with new techniques.

Because of the fact that this young artist is sure of his own means and since the mental confrontation with cultural achievements belong to his strategy, he can be open to influences of his geographical and cultural world and his mental inspirators like Paul Cezanne, Fernand Leger, Georg Baselitz, Dieter Krieg, and Per Kirkeby as well. In the same way he offers the structures, techniques, and materials of his art. Even from this point of view one may expect an absolute claim of truth in his paintings, a fact not necessarily common in the work of artists of his generation.

Last not least the strength of the painter Koch lies in the fact that he combines the variety of things he saw, knew, conceived, and experienced to an individual artistic unitiy. So far, Peter Koch comes close to certain tendencies of post modern art.

At first sight, his pictures seem to be somewhat like scene-paintings. Statics and dynamics penetrate and get their frame by a striking art of constructions. Peter Koch profits from the formal-psychological knowledge, i. e. each recognition is dynamic and is attracted by the contrasts as well.

His style finally results from the synthesis of stains and contrasts with respect to linearity, colour, technique, and contents. Effect of depth, spaciousness, perspective, or even commonly adapted studies of proportion are almost neglected. Koch plays a free and easy game with the volume, the formal power, and the perspective scales of subjects in a free imaginary space.

Part of this game is also the variety of the use of mechanical means and material-imitations. These matters are the most sensitive and self-reliant aspects in his work. For Peter Koch painting is still something like "art of primitive state". But according to our technical and multimedial modern age he tries to break the limits of painting by implicating unclasssical printing techniques.

Peter Koch is painter and craftsman as well. Following the well-known principle of the collage, practised since Cubism and Dadaism, we find in his pictures overpainted photographs and photocopies, silk-screen- and lino-cut-prints as well as structures of materials such as marble, wood, or textiles, as achieved by painting means. In this way Koch separates himself from most of the painters of his generation – who, handling with broad brushes and walkmen in their ears only need a few hours to paint pictures of strong gesture and subjectivity. Or they treat an academic to neo-classicists painting which in parts contain critical and/or ironical comments to describe the present time.

Koch's pictures are to be discussed on an enlarged, personally-idealistic and historical level. He reactivates the "Arts and Crafts-Movement" of the turn of the century which, on the tracks of the Middle Ages, tried to combine art and craft, and art and lifeenvironment. Already during the Antiquity arts and techniques, aesthetics and crafts belonged inseparably together. Associations with the so-called synthetic cubism of Picasso, Braque, and Gris and with collages of dadaism are evident in pictures of different painting structures such as wooden textures or typographical relicts. It is evident that such kind of art based on different textures, patterns, techniques, and stylistic principles is receptive to casualties and experiments. This explains also the frequent change of painting material during his painting process.

Koch mostly begins wih thin egg-tempera and water-paint which is getting more and more oily during the process. The various coatings in their pastose character determin incisively the aesthetic impression and the density of substance of the pictures.

Besides painting he is also strongly engaged with photography which he has studied in 1978 at a Stuttgart Photo School. It served him as a visual preparation for his future paintings. He often uses a photograph as a pattern or integrates it into a picture while overpainting it. This procedure meets his intentions to keep in parts precisely close to the world around him, putting these parts together fragmentarily on different levels towards a thoroughly constructed product. Photorealistic components are mixed with abstract expressives, informal colour compositions are combined with constructive elements leading to an aesthetic balance. Optical impulses of the painter's immediate surroundings are the major point of inspiration: a fruit, a part of a body, or an architectural fragment. As a photographer he studies and focuses the motives which are of special interest to him, and then – as a painter – he finally brings them to an entire personally interpreted relationship. Visual things, photographs,

magic experiences are put into an own frame of order – like Cézanne who compiled various stereometric colour-form-elements homogeneously on the surface-screen thus dedicating the world in the picture an own order of harmony.

The more pretentions and complicated Koch precedes in his painting, the more simple is his theme. It is the immediate environment seen by every one but most of the time not consciously or intensively acknowledged. No motive is common enough not to draw any aesthetic attraction, or a poetry, or even criticism of time from it. Most simple visual impulses built up from the first feeling of perception followed by a cognitive process are very often the releasing point for a complicated structural and sophisticated picture. The primarily psycho-physical observation is opposed by the painter's strong will of construction. The obvious content of the picture and the personality of the artist diminish as well.

Even portrait-painting bound to individual aspects and emotional moments is submitted to the demands of the picture. Usually the motive for a portrait-painting is quite personal. At the beginning of a painting composition there is a private connexion with the person to be painted. The painter proceedes with the analysis of the life-customs and the environment of the person in question. According to strong formal and tectonic principles subjects, fruits or plants as individual chiffres are brought into a personal and formal relationship.

In his devotion to mankind the influence of his teacher Georg Baselitz is obvious who puts new weight on his de-mythological presentation of mankind of the 20th century. In the provocation of quite unusual objekts like a piece of bacon, a rope, or a knife one is reminded of the strange picture world of Dieter Krieg.

The inhomogeneity of contentual as well as formal structures technically as well as aesthetically synthesized obvious in Koch's newest pictures is an essential part of his work. Cubic forms are found next to vegetables, organic grown forms next to tectonic constructed material: a melone with winding staircase, a piece of bacon with a striped T-shirt of an athlete.

For those things ideal to him for a personal visuality he creates with his own phantasy an optimal space. Out of the total picture a new relativity of reality derives. Natural laws and human practices are compared. The winding stairs for instance are in their function as perfectly constructed as the melone or a pregnant figure. The so-called banality will become an integrated moment of aesthetic, the tension of seemingly incompatible contrasts replace a balance contrary to classical ideals. Mosts simple elements of an every day surrounding receive by their combination the character of an everyday-poetry or modern critic.

Since about 1986 Koch's pictures show the effort to refine the constructive and the precisive technical craftsmanship by putting on the shades of colours in a special way. To balance out the spontaneous gesture by a thorough calculation to look for calming in the tension for unity in the variety, Koch is certainly searching for harmony of contrasts which was also the main concern of the late Mondrian. In the years of 1983 – 1986, Koch's pictures are still formally disolved according to the early academic education and the tendency of the Fauves of the early eighties.

As attractive as these pictures are in their colourful composition and the light handling of the general neo-expressive painting of those years. In his latest pictures there is shown – in spite of all the sensitive formal and colourful richness – a deep searching for weight, balance, and form reduction.

The search introduced by Cézanne more than a hundred years ago for measurement and law in painting which does not want to do without the sensuality of the attractions of the world around him, is continued in Koch's paintings with the manifold means at the disposal of today's artists and under new iconographic and psychologic means. Koch also continues the painting tradition of Matisse who tried to convert the visible reality according to the laws of formal balance and the harmony of colours into a self-supporting product.

The paintings shown in this catalogue do not allow a definite classification. They do not pursue a direct intention and cannot be combined under a certain style. They simply show the intention of the painter to interprete and to penetrate the world in the picture on this and on the other side of their optically experienced realities.

Christa Murken-Altrogge, Aachen

# Verzeichnis der abgebildeten Werke

Titelbild:
Kugellager auf Rosen, 1989
Ballbearing on Roses
Eitempera/Leinwand, Tempera on Canvas
110 x 150 cm

Seite 3:
Portrait Georg Mrowetz, Architektur, 1989
Portrait of Georg Mrowetz, Architecture
Leimfarbe/Linolschnitt/Leinwand, Distemper/Lino cut on
Canvas, 200 x 135 cm

Seite 13:
Treppe, Teppich, Leiter, 1989
Staircase, Carpet, Ladder
Eitempera/Leinwand, Tempera on Canvas
140 x 200 cm

Seite 15:
Portrait Edith Oellers, großes Schaufenster, 1989
Portrait of Edith Oellers, big Shop-Window
Eitempera/Linolschnitt/Leinwand, Tempera/Lino cut on
Canvas, 150 x 270 cm

Seite 17:
Renate Wallerath schwanger, kleines Weindorf, 1989
Renate Wallerath pregnant, little Vine-Village
Eitempera/Linolschnitt/Lack/Leinwand, Tempera/Lino cut/
Varnish on Canvas, 150 x 270 cm

Seite 19:
Portrait Jörg Eberhard, gelbe Wand, 1989
Portrait of Jörg Eberhard, yellow Wall
Eitempera/Siebdruck/Leinwand, Tempera/Serigraphie on
Canvas, 150 x 260 cm

Seite 21:
Portrait Georg Mrowetz, Architektur und Holz, 1989
Portrait of Georg Mrowetz, Architecture and Wood
Eitempera/Linolschnitt/Leinwand, Tempera/Lino cut on Canvas
150 x 270 cm

Seite 22:
Stola vor Kasten, 1989
Stole before a Box
Siebdruck/Eitempera/Leinwand, Serigraphie/Tempera on
Canvas, 150 x 100 cm

Seite 23:
Zwei Teppichecken, Amaryllis, 1989
Two Carpet-Corners, Amaryllis
Eitempera/Leinwand, Tempera on Canvas
150 x 160 cm

Seite 24:
Portrait Renate Wallerath, Trauben und weißer Stuhl, 1989
Portraits of Renate Wallerath, Grapes and white Chair
Eitempera/Siebdruck/Leinwand, Tempera/Serigraphie on
Canvas, 150 x 160 cm
Sammlung Meier, Heßdorf

Seite 25:
Portrait Jörg Eberhard, Alpenveilchen, 1989
Portrait of Jörg Eberhard, Alpine Violet
Eitempera/Siebdruck/Leinwand, Tempera/Serigraphie on
Canvas, 150 x 160 cm

Seite 26:
Selbstsportrait, Hand, Bretzel, 1989
Self-Portrait, Hand, Pretzel
Eitempera/Linolschnitt/Leinwand, Tempera/Lino cut on Canvas
150 x 160 cm

Seite 27:
Portrait Bernd Petri, Uhr und Zitronen, 1989
Portrait of Bernd Petri, Watch and Lemons
Eitempera/Linolschnitt/Leinwand, Tempera/Lino cut on Canvas
150 x 160 cm
Privatsammlung Hamburg

Seite 29:
Fünf Gartenstühle, 1989
Five Garden-Chairs
Eitempera/Siebdruck/Leinwand, Tempera/Seriegraphie on
Canvas, 135 x 200 cm
Sammlung Haus Dr. Murken, Gütersloh

Seite 31:
Portrait Ulrike Taprogge, Silos, Beißzange und Bananen, 1989
Portrait of Ulrike Taprogge, Silos, Pincers and Bananas
Eitempera/Linolschnitt/Leinwand, Tempera/Lino cut on Canvas
135 x 200 cm

Seite 33:
Portrait Ulrike Taprogge, roter Ball vor Treppe, 1989
Portrait of Ulrike Taprogge, red Ball at the Staircase
Eitempera/Siebdruck/Leinwand, Tempera/Serigraphie on
Canvas, 135 x 200 cm

Seite 35:
Figur, Treppe, Bauchspeck auf Decke, 1989
Figure, Staircase, Bacon on Table-Cloth
Eitempera/Siebdruck/Lack/Leinwand, Tempera/Serigraphie/
Varnish on Canvas, 135 x 200 cm

Seite 36:
Prospekt, 1989
Prospectus
Eitempera/Öl/Siebdruck/Leinwand, Tempera/Oil/Serigraphie
on Canvas, 110 x 150 cm

Seite 37:
Figur und Bauchspeck vor Treppe, 1989
Figure and Bacon before Staircase
Eitempera/Siebdruck/Lack/Leinwand, Tempera/Serigraphie/
Varnish on Canvas, 155 x 150 cm

Seite 38:
Kleines Schaufenster, 1989
Little Shop-Window
Eitempera/Linolschnitt/Lack/Leinwand, Tempera/Lino cut/
Varnish on Canvas, 110 x 150 cm

Seite 39:
Wendeltreppe, zwei Melonenhälften, 1989
Winding Staircase, two Halfs of a Melon
Eitempera/Lack/Leinwand, Tempera/Varnish on Canvas
200 x 135 cm

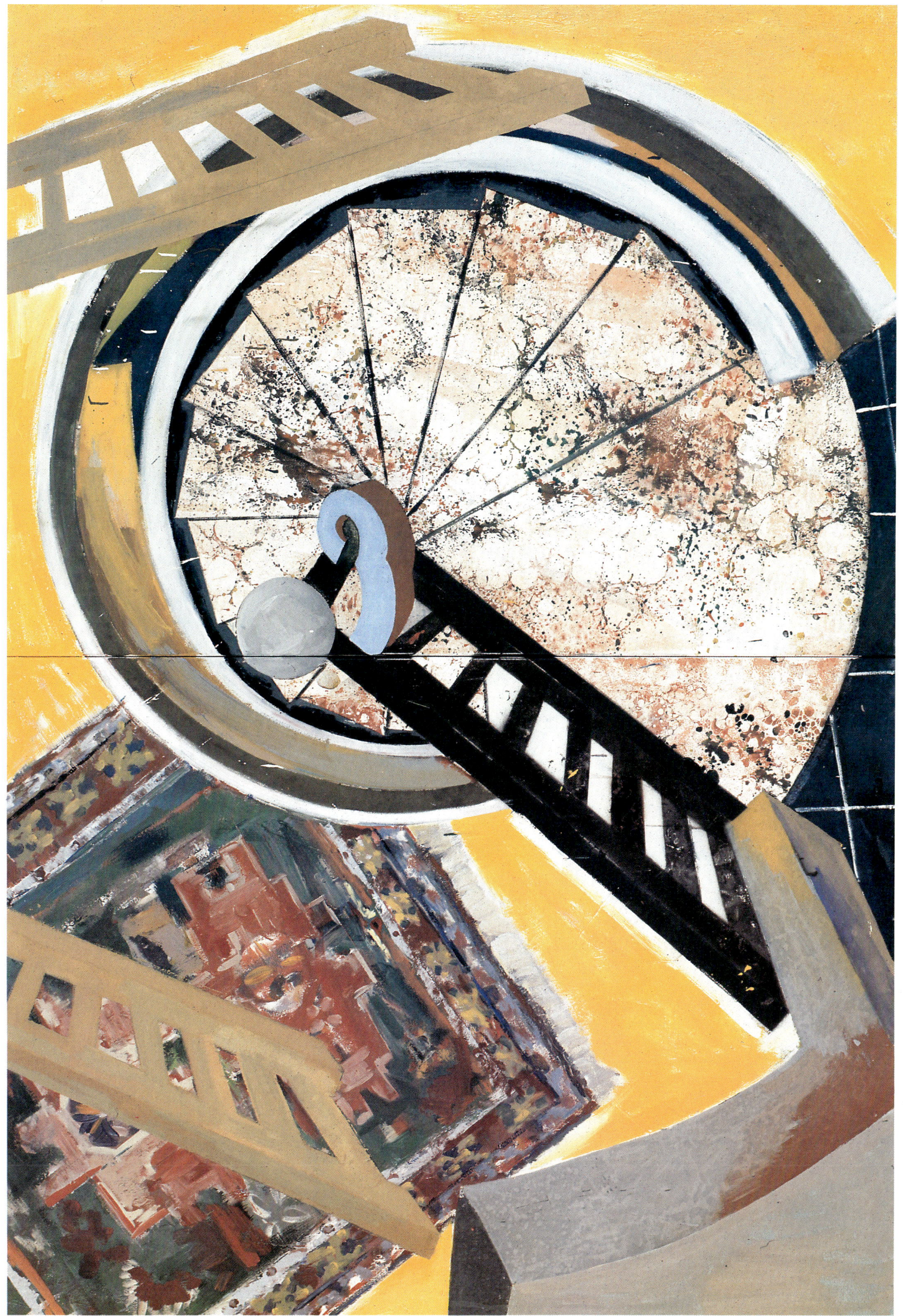

Treppe, Teppich, Leiter, 1989, 140 x 200 cm
Staircase, Carpet, Ladder

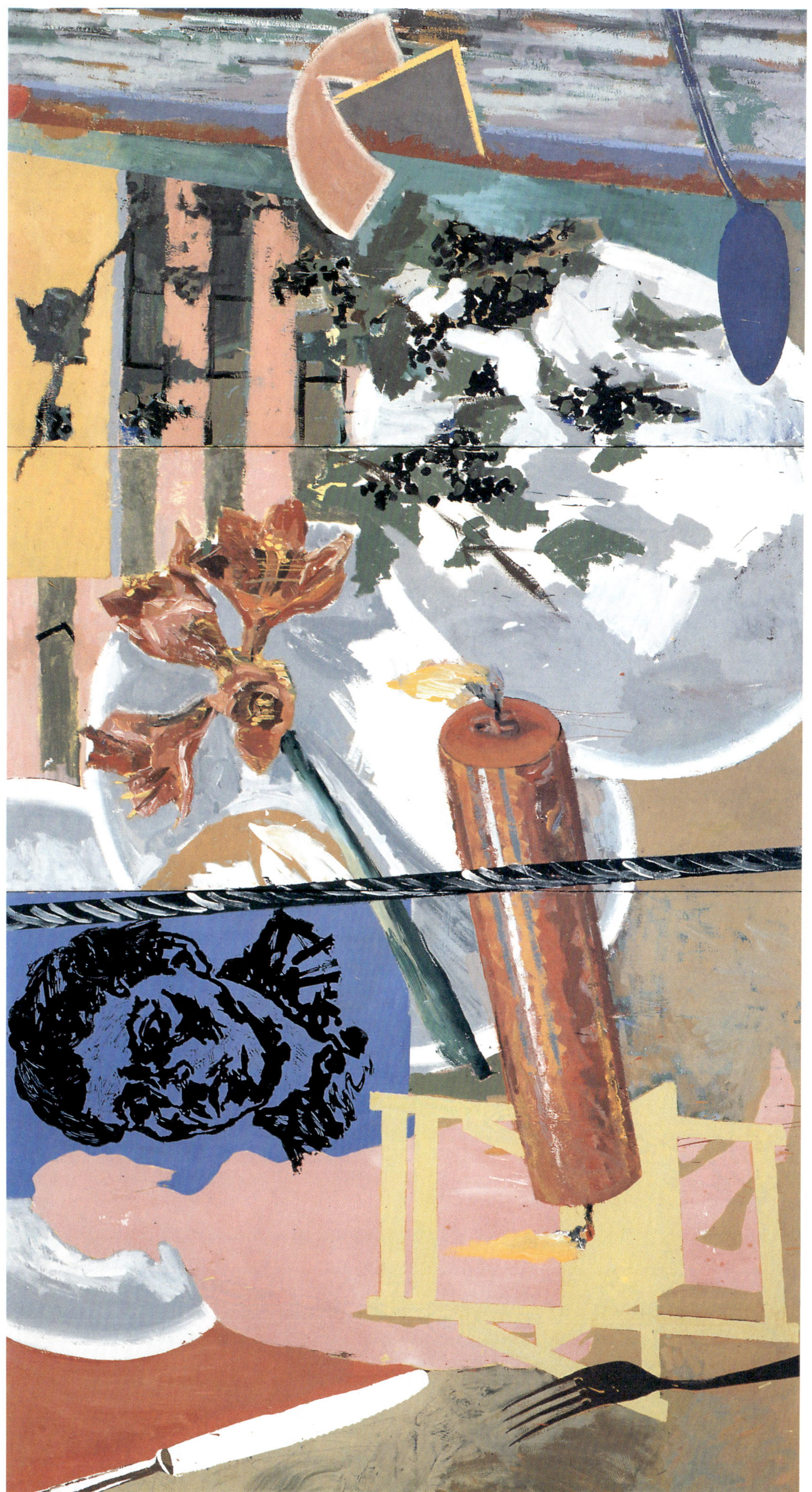

Portrait Edith Oellers, großes Schaufenster, 1989, 150 x 270 cm
Portrait of Edith Oellers, big Shop-Window

Renate Wallerath schwanger, kleines Weindorf, 1989, 150 x 270 cm
Renate Wallerath pregnant, little Vine-Village

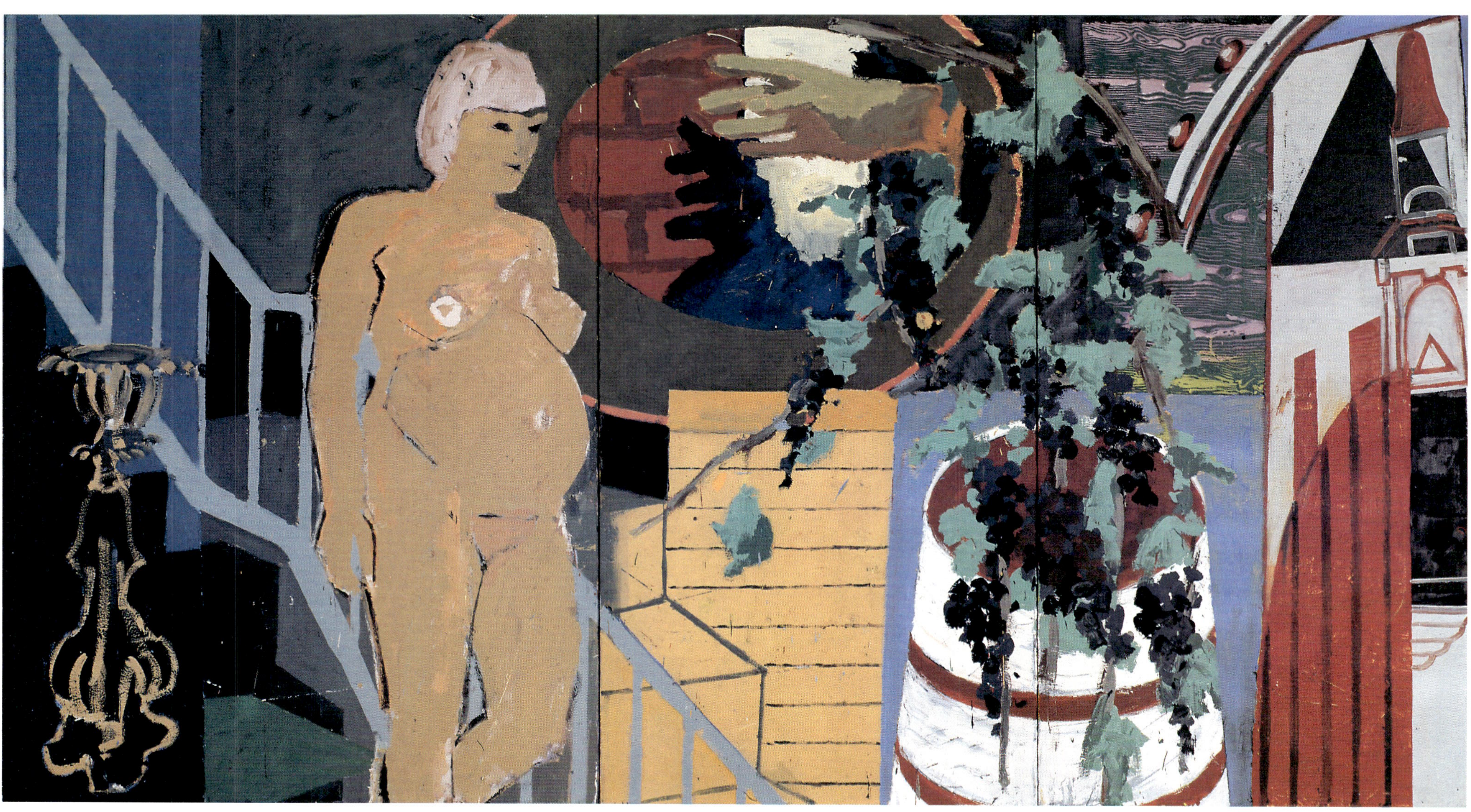

Portrait Jörg Eberhard, gelbe Wand, 1989, 150 x 260 cm
Portrait of Jörg Eberhard, yellow Wall

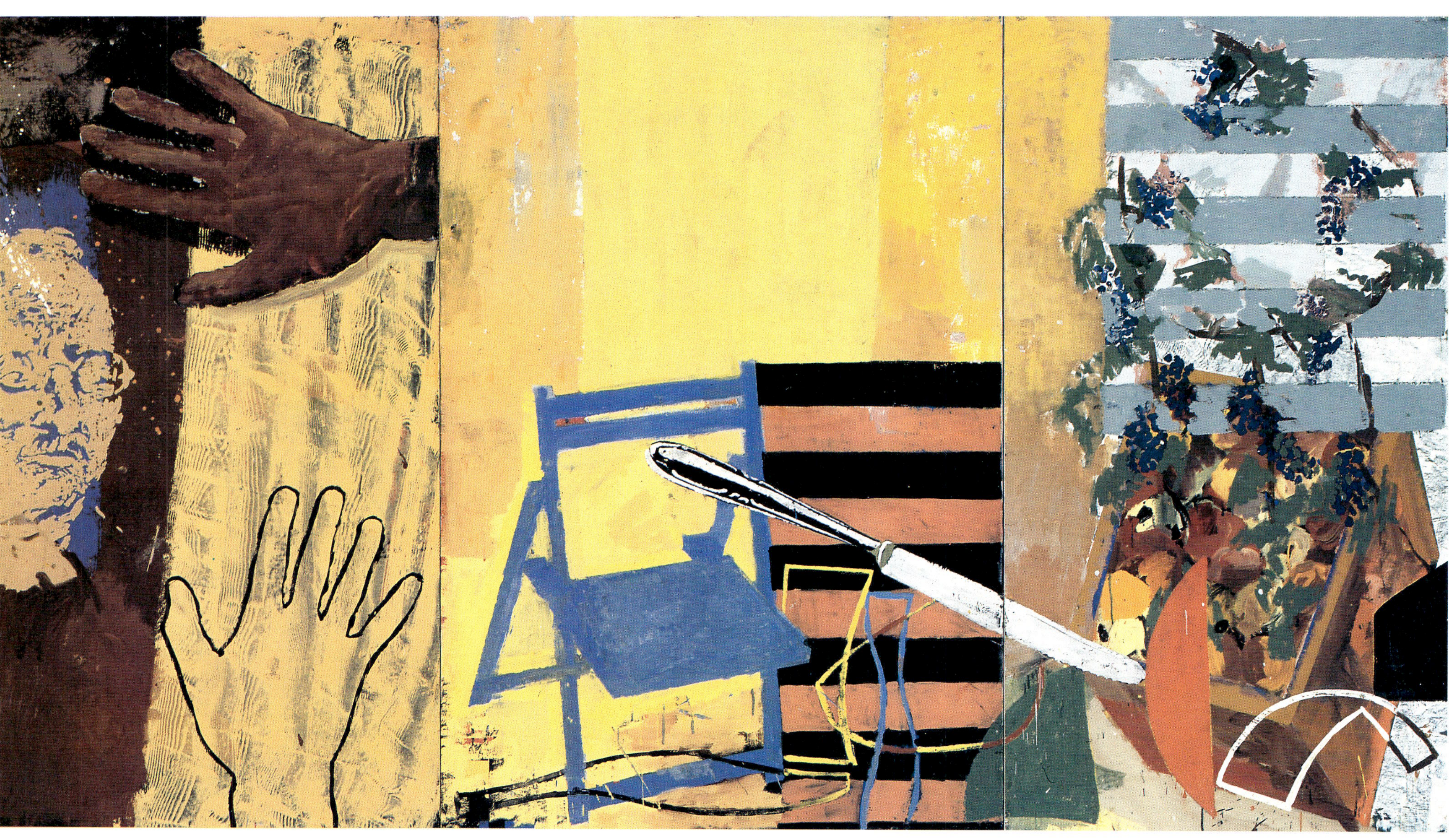

Portrait Georg Mrowetz, Architektur und Holz, 1989, 150 x 270 cm
Portrait of Georg Mrowetz, Architecture and Wood

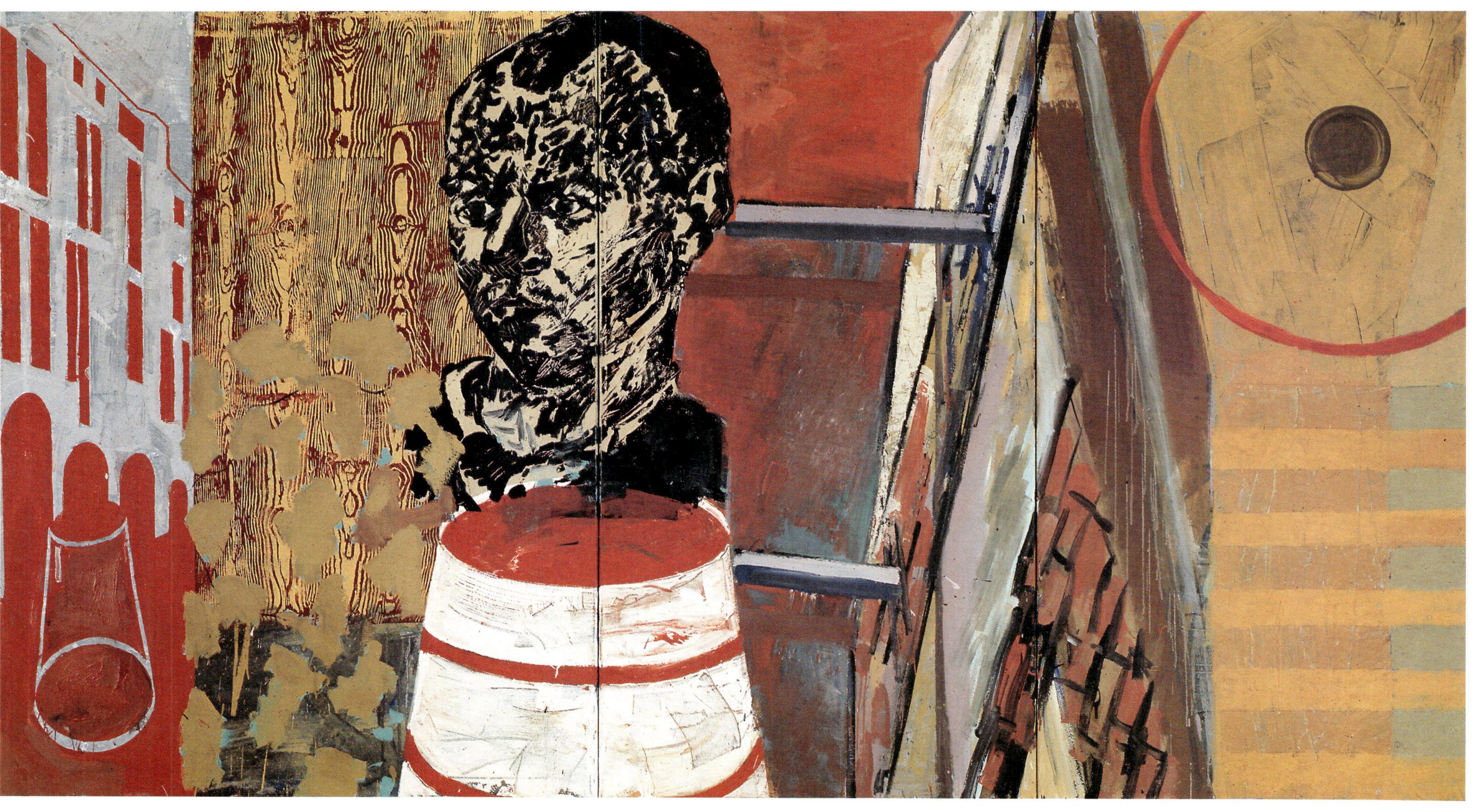

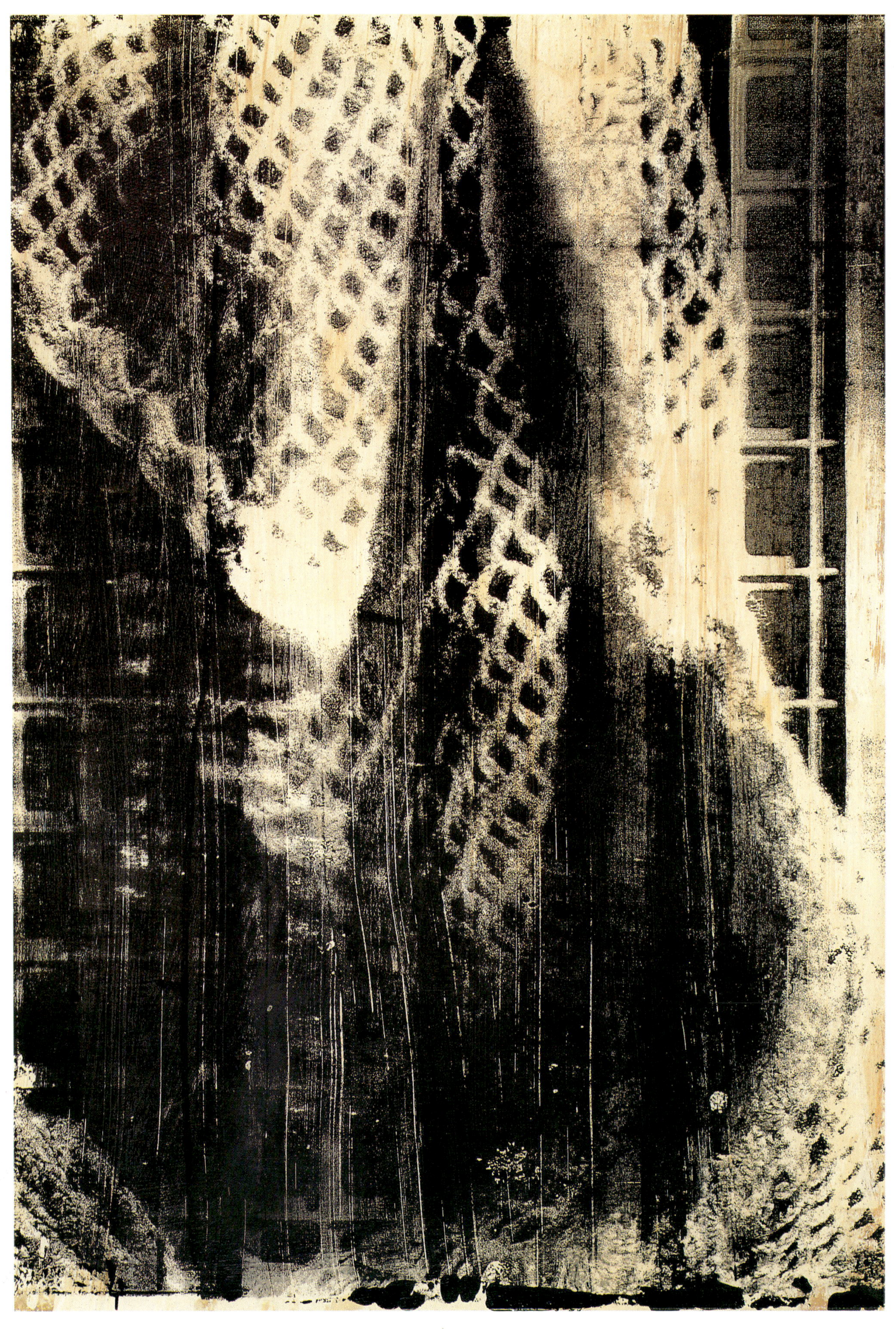

Stola vor Kasten, 1989, 150 x 100 cm
Stole before a Box

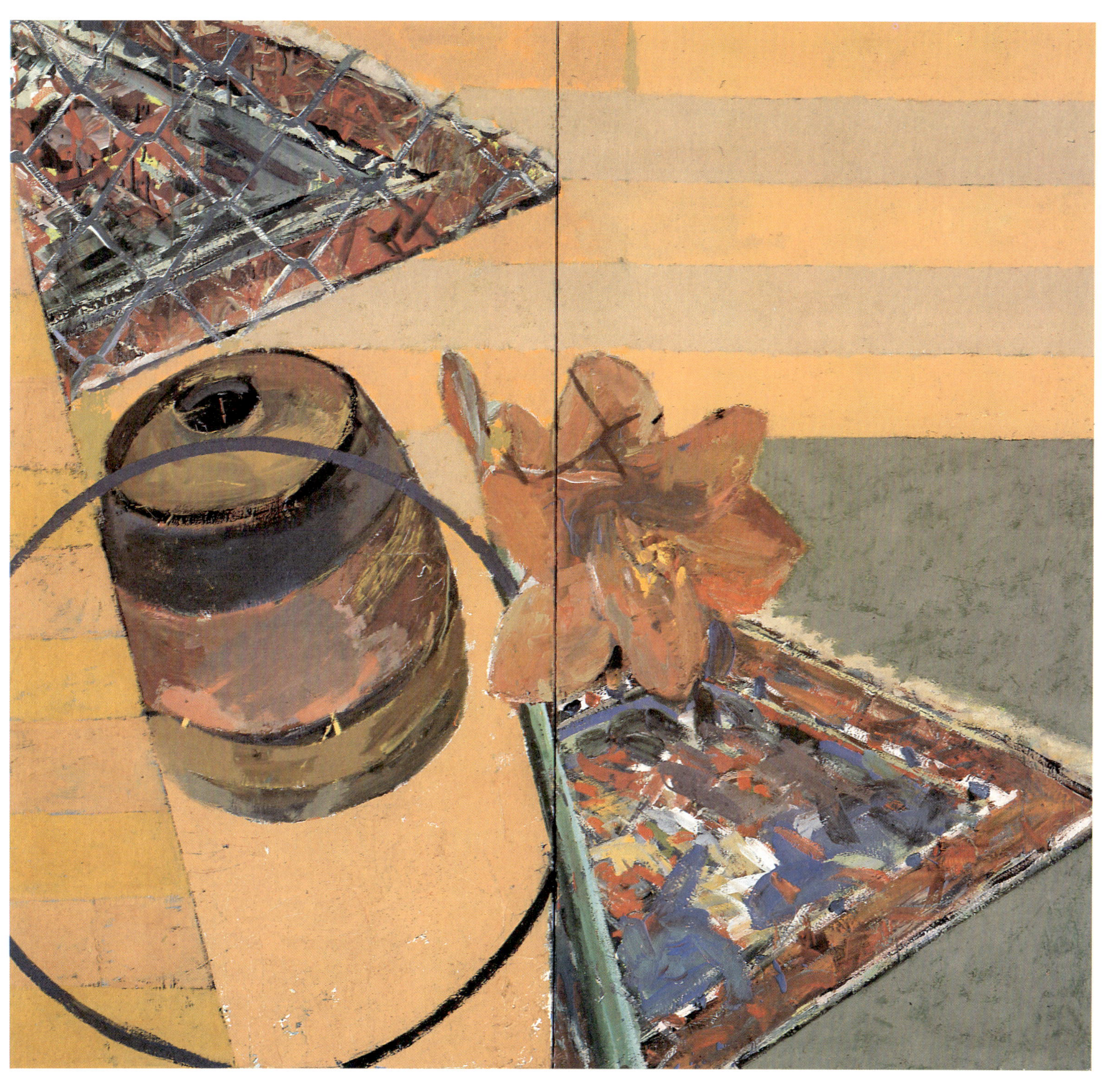

*Zwei Teppichecken, Amaryllis, 1989, 150 x 160 cm*
Two Carpet-Corners, Amaryllis

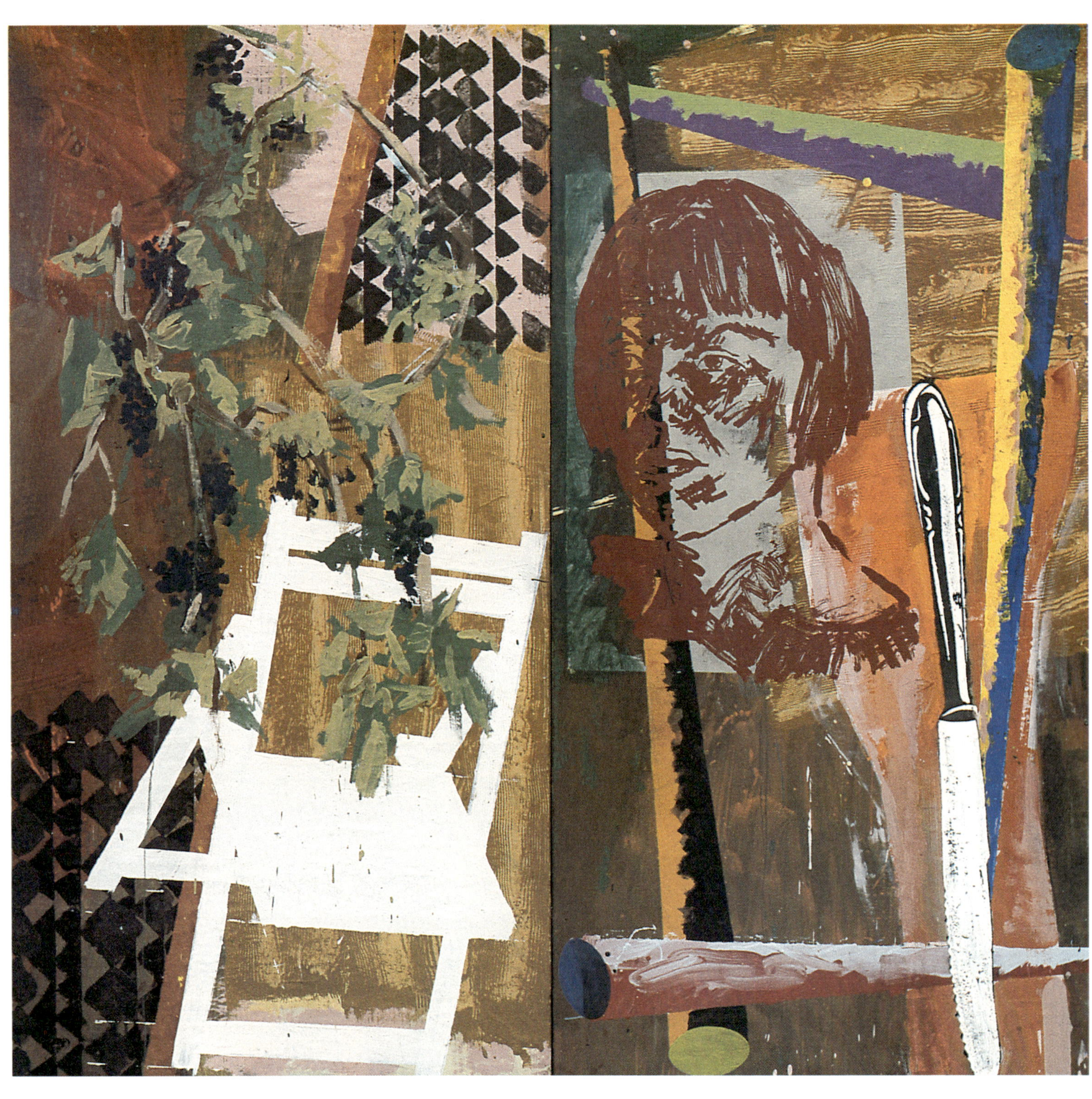

Portrait Renate Wallerath, Trauben und weißer Stuhl, 1989, 150 x 160 cm
Portrait of Renate Wallerath, Grapes an white Chair

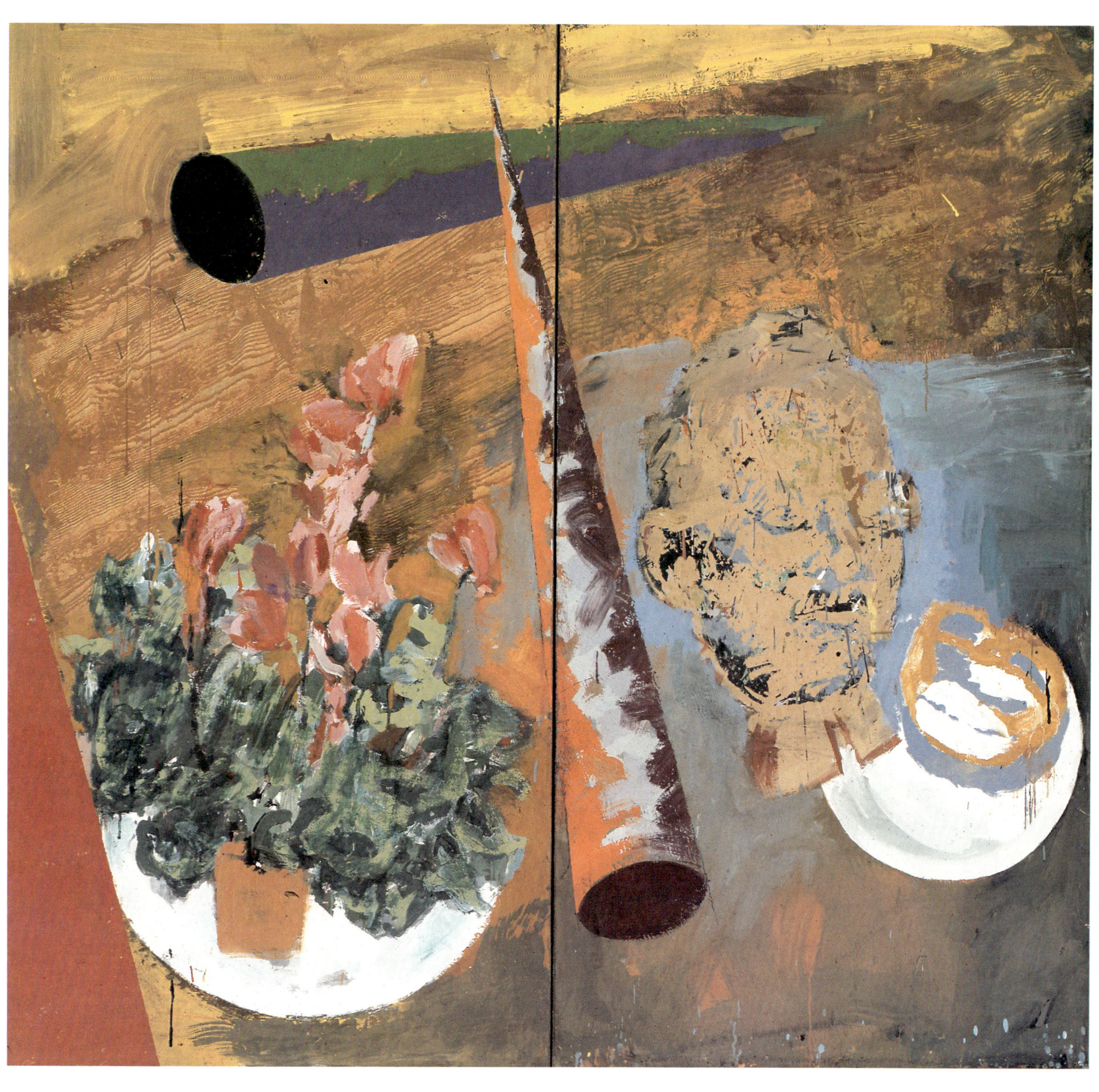

Portrait Jörg Eberhard, Alpenveilchen, 1989, 150 x 160 cm
Portrait of Jörg Eberhard, Alpine Violet

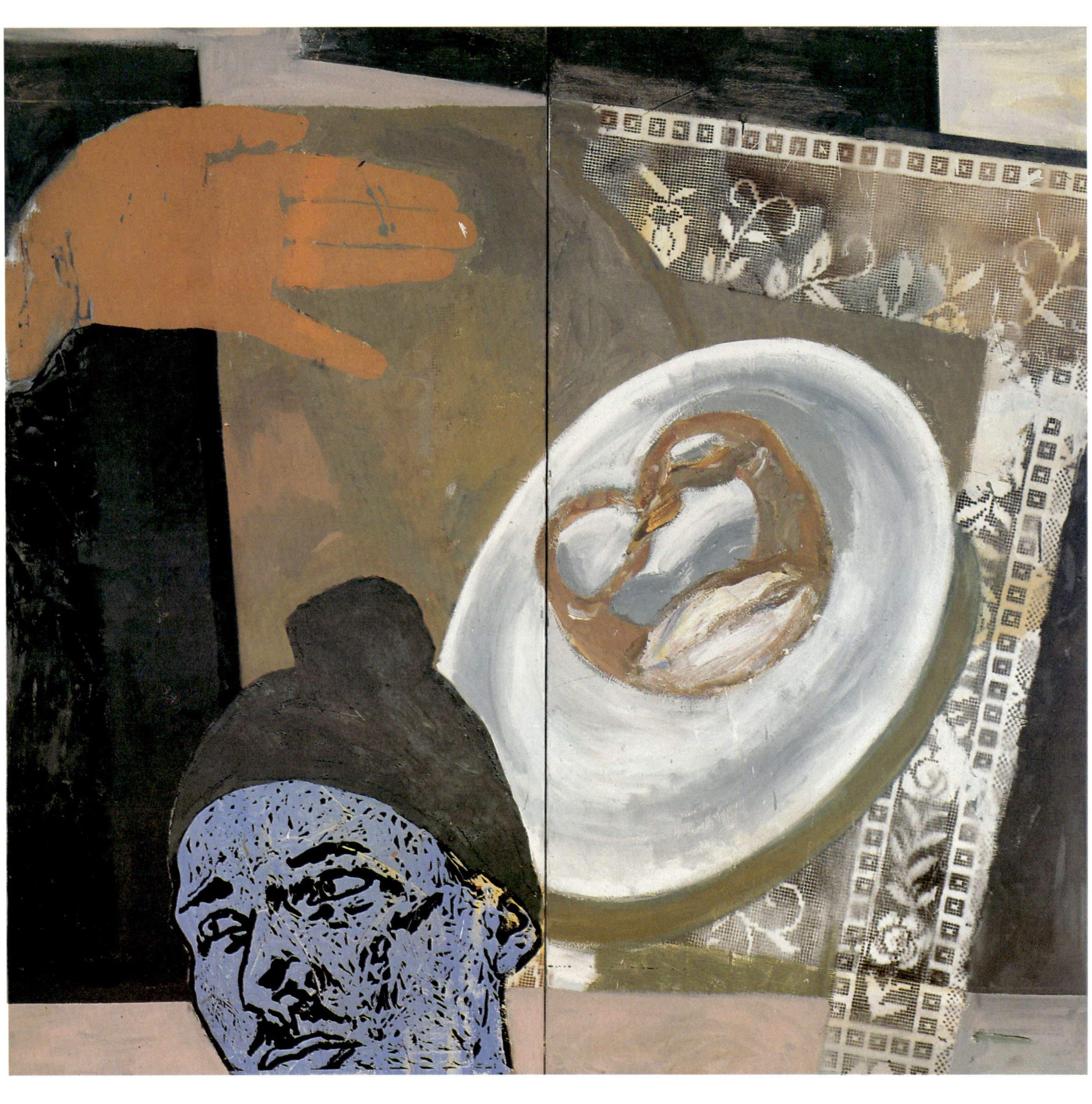

Selbstsportrait, Hand, Bretzel, 1989, 150 x 160 cm
Self-Portrait, Hand, Pretzel

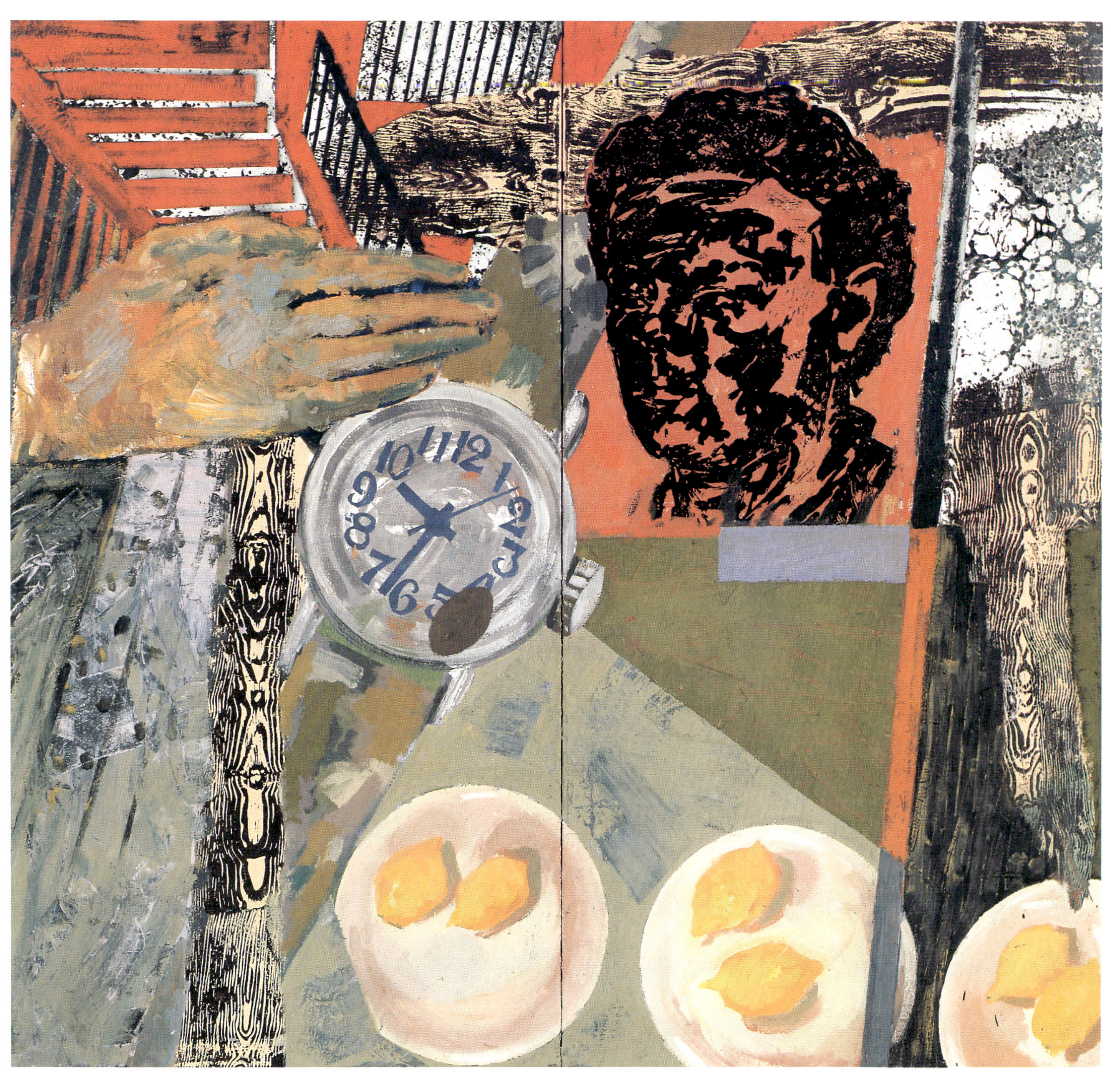

Portrait Bernd Petri, Uhr und Zitronen, 1989, 150 x 160 cm
Portrait of Bernd Petri, Watch and Lemons

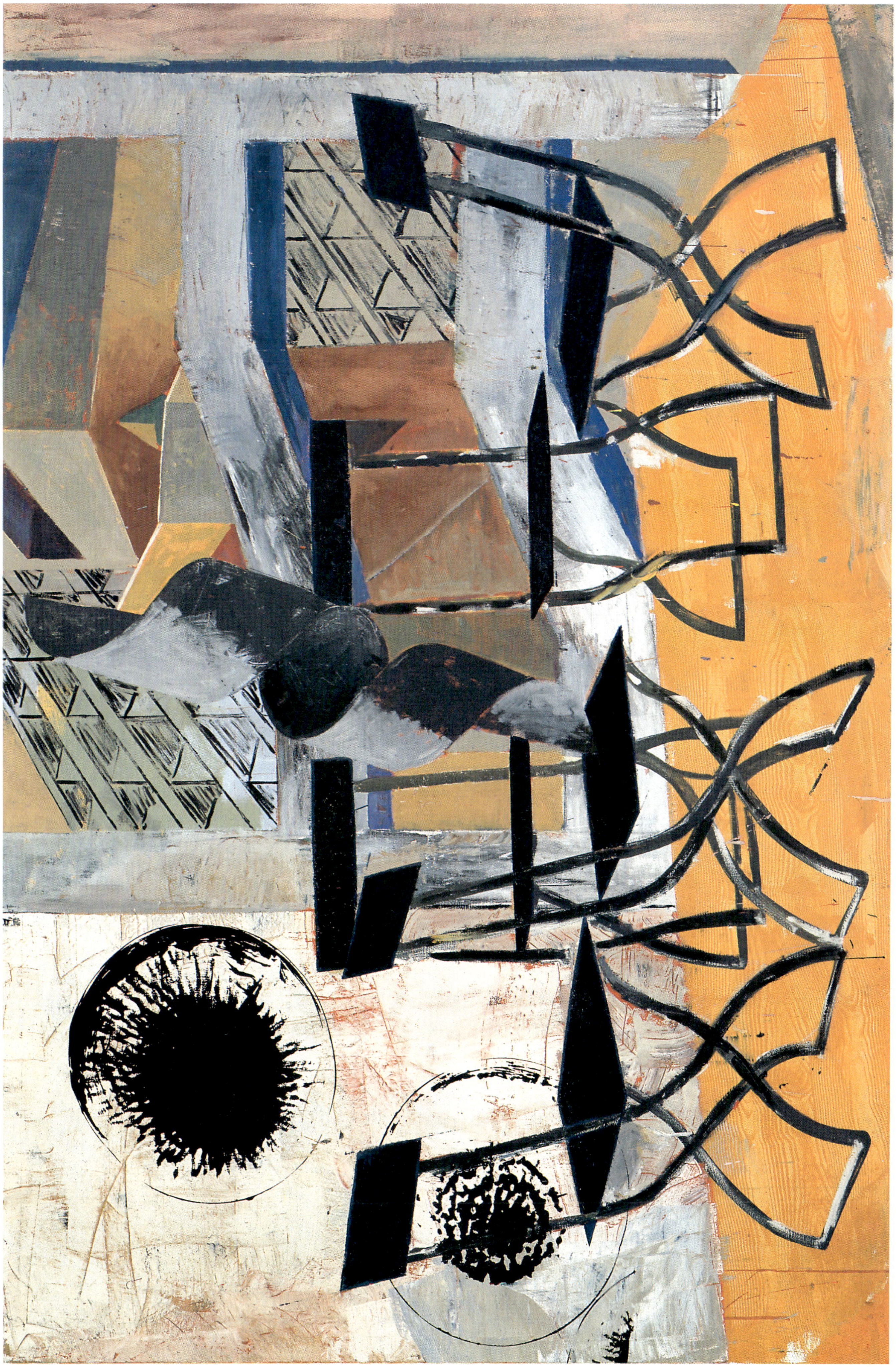

Fünf Gartenstühle, 1989, 135 x 200 cm
Five Garden-Chairs

Portrait Ulrike Taprogge, Silos, Beißzange und Bananen, 1989, 135 x 200 cm
Portrait of Ulrike Taprogge, Silos, Pincers and Bananas

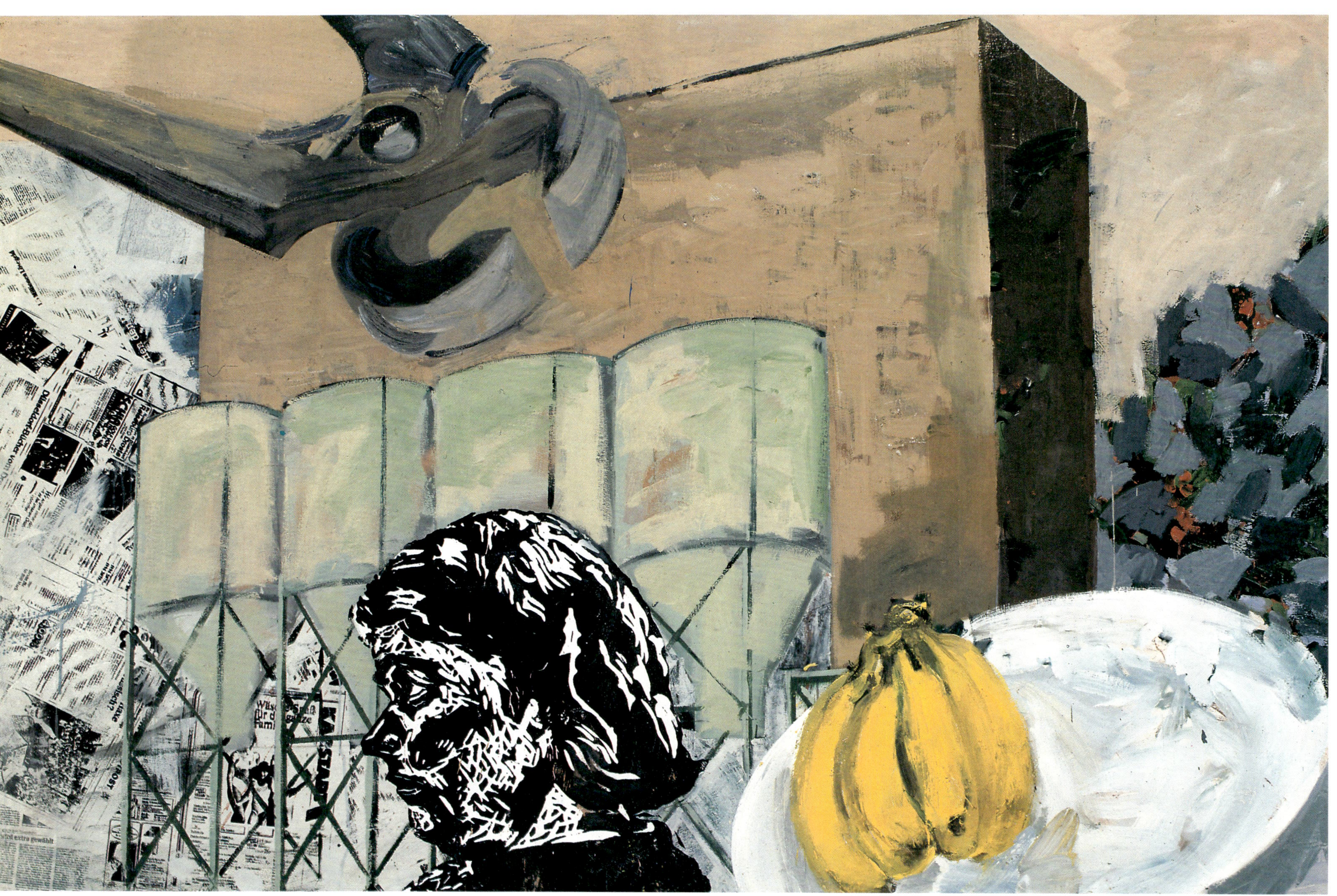

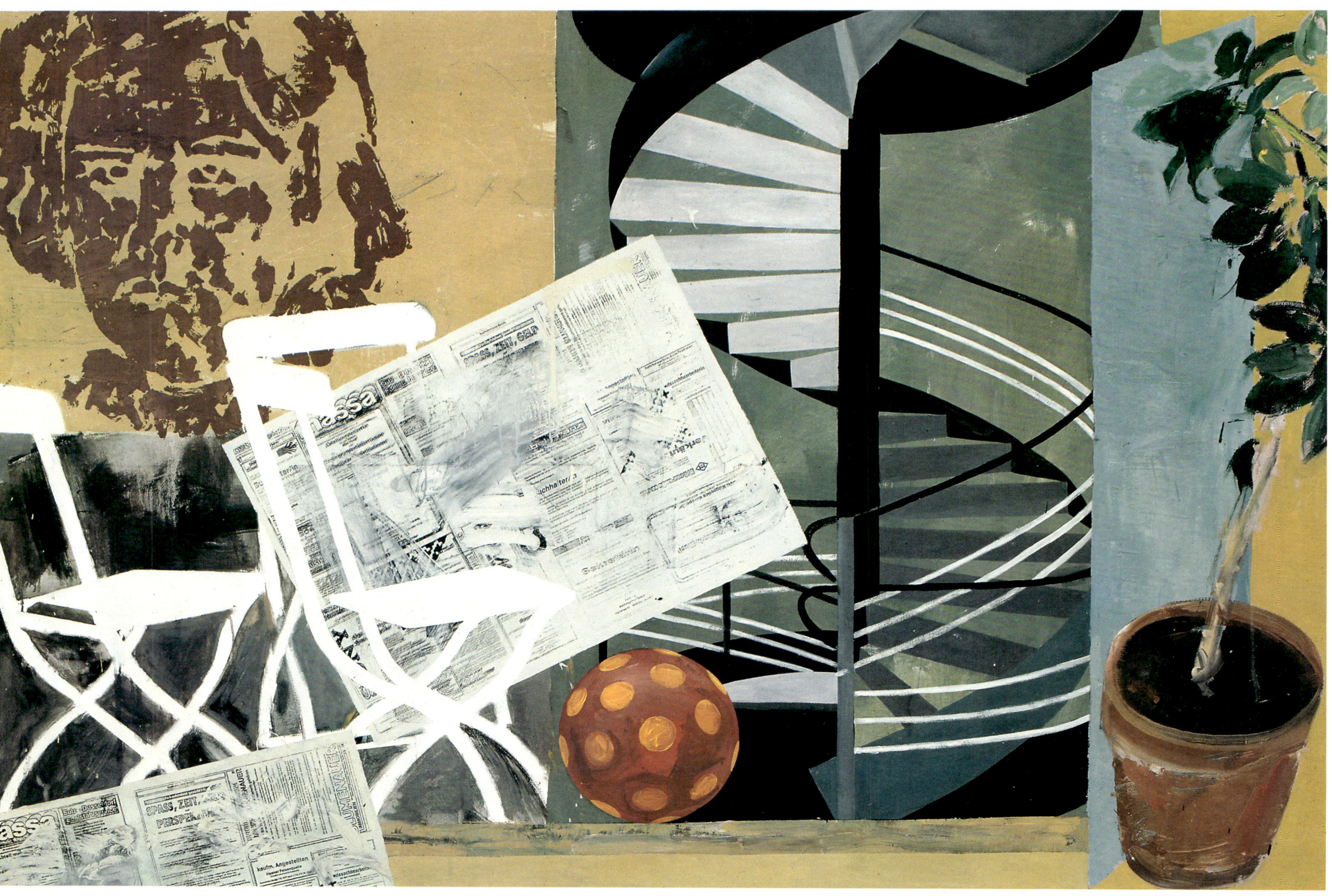

Portrait Ulrike Taprogge, roter Ball vor Treppe, 1989, 135 x 200 cm
Portrait of Ulrike Taprogge, red Ball at the Staircase

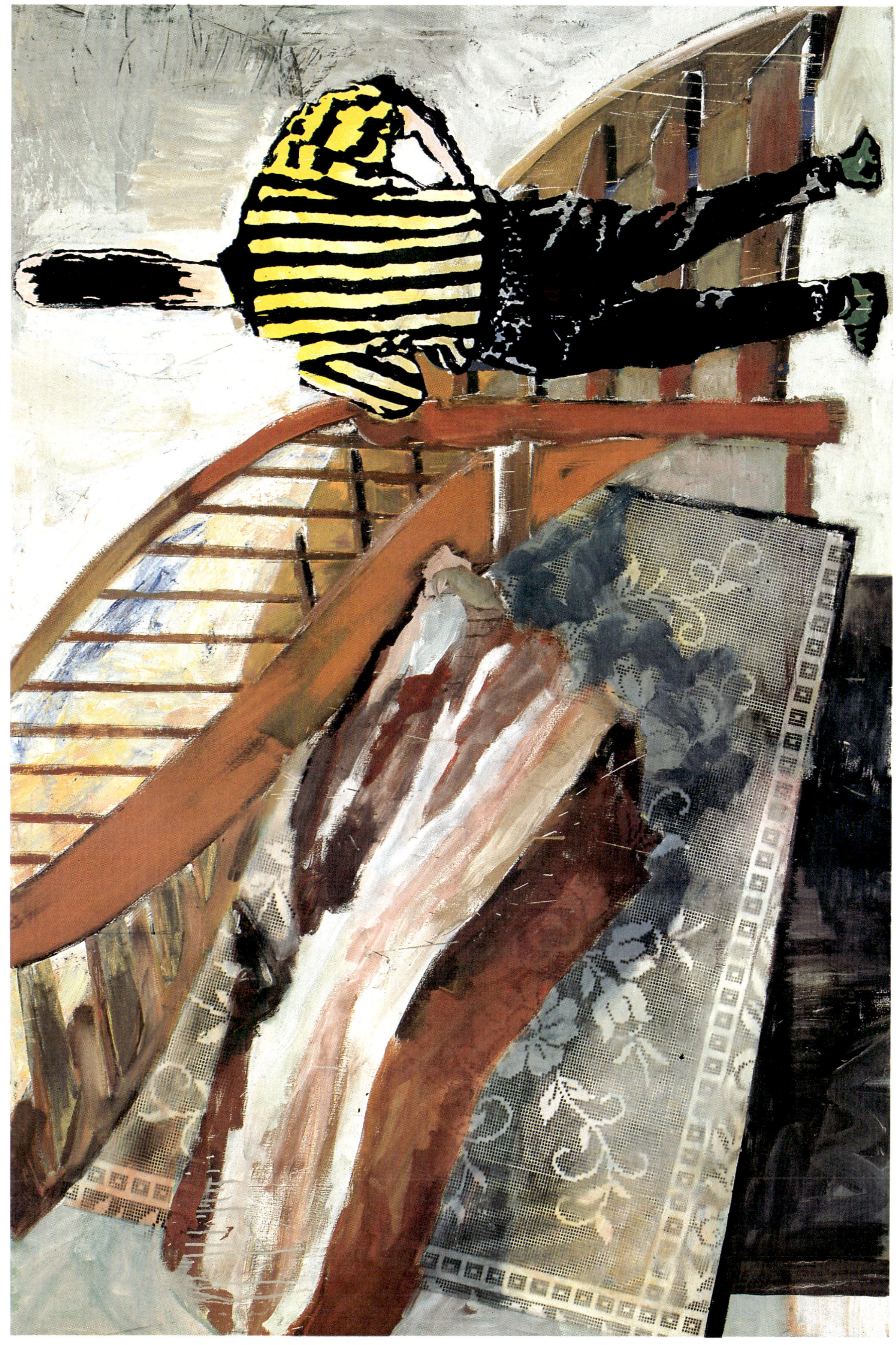

Figur, Treppe, Bauchspeck auf Decke, 1989, 135 x 200 cm
Figure, Staircase, Bacon on Table-Cloth

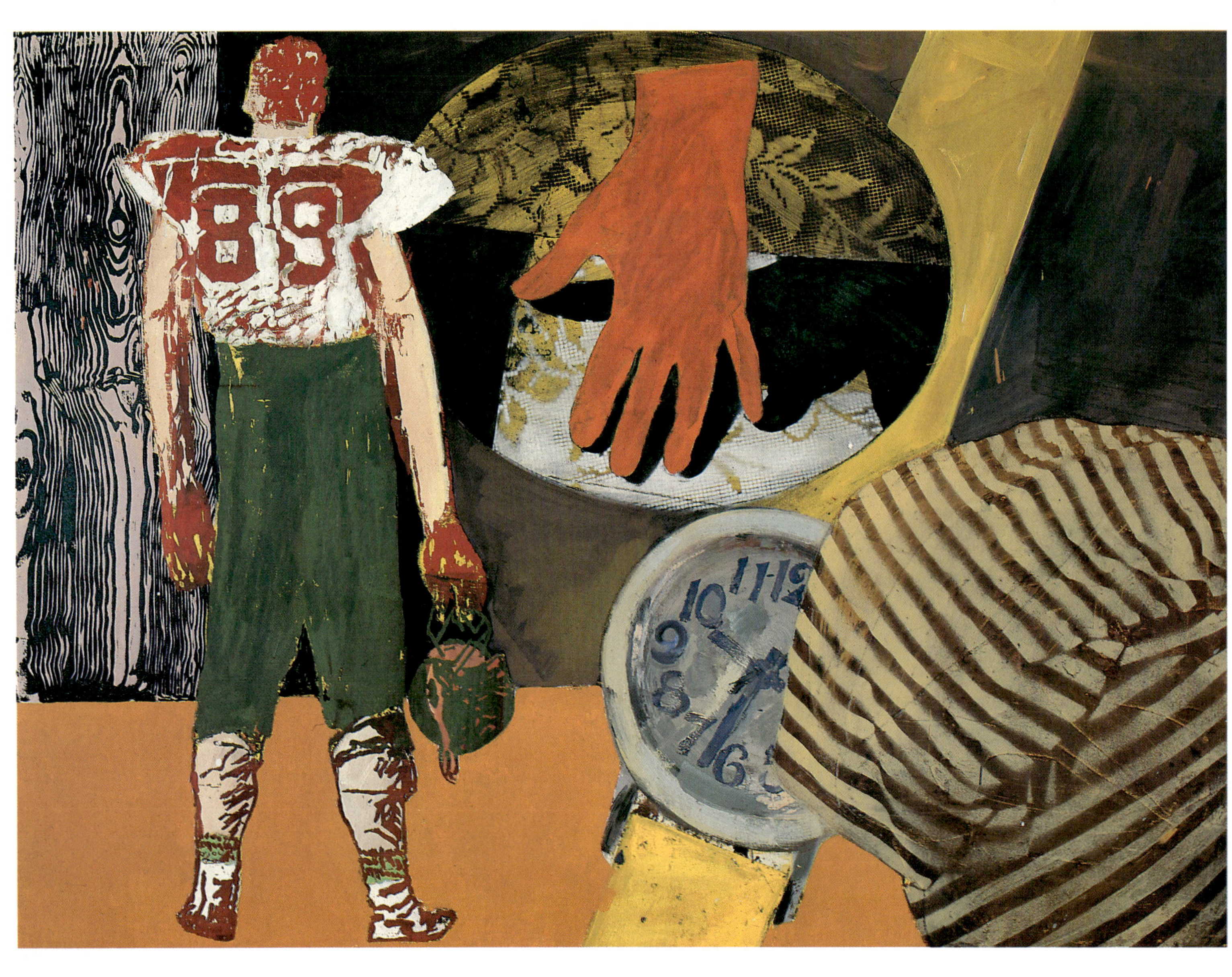

Prospekt, 1989, 110 x 150 cm
Prospectus

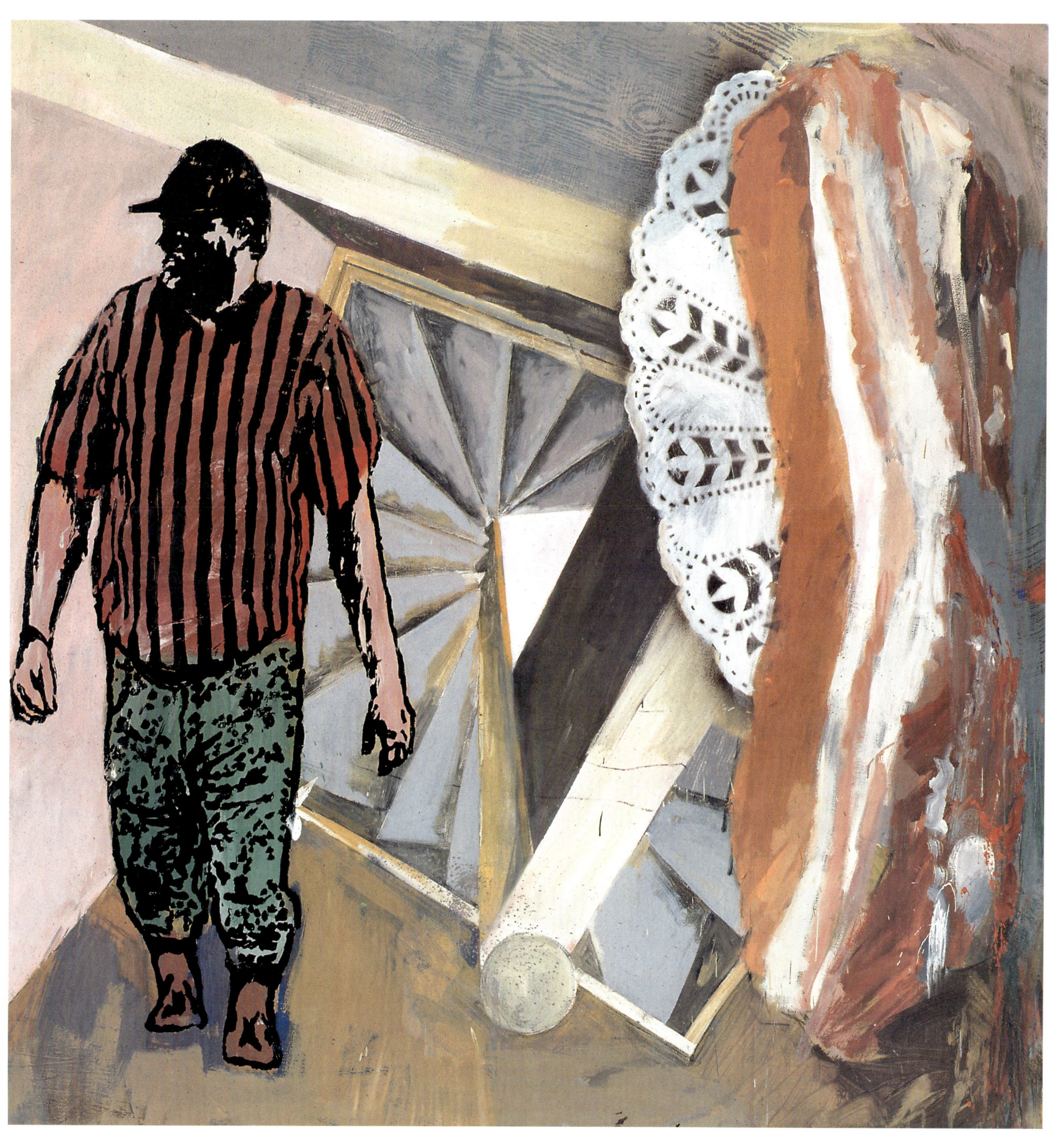

Figur und Bauchspeck vor Treppe, 1989, 155 x 150 cm
Figure and Bacon before Staircase

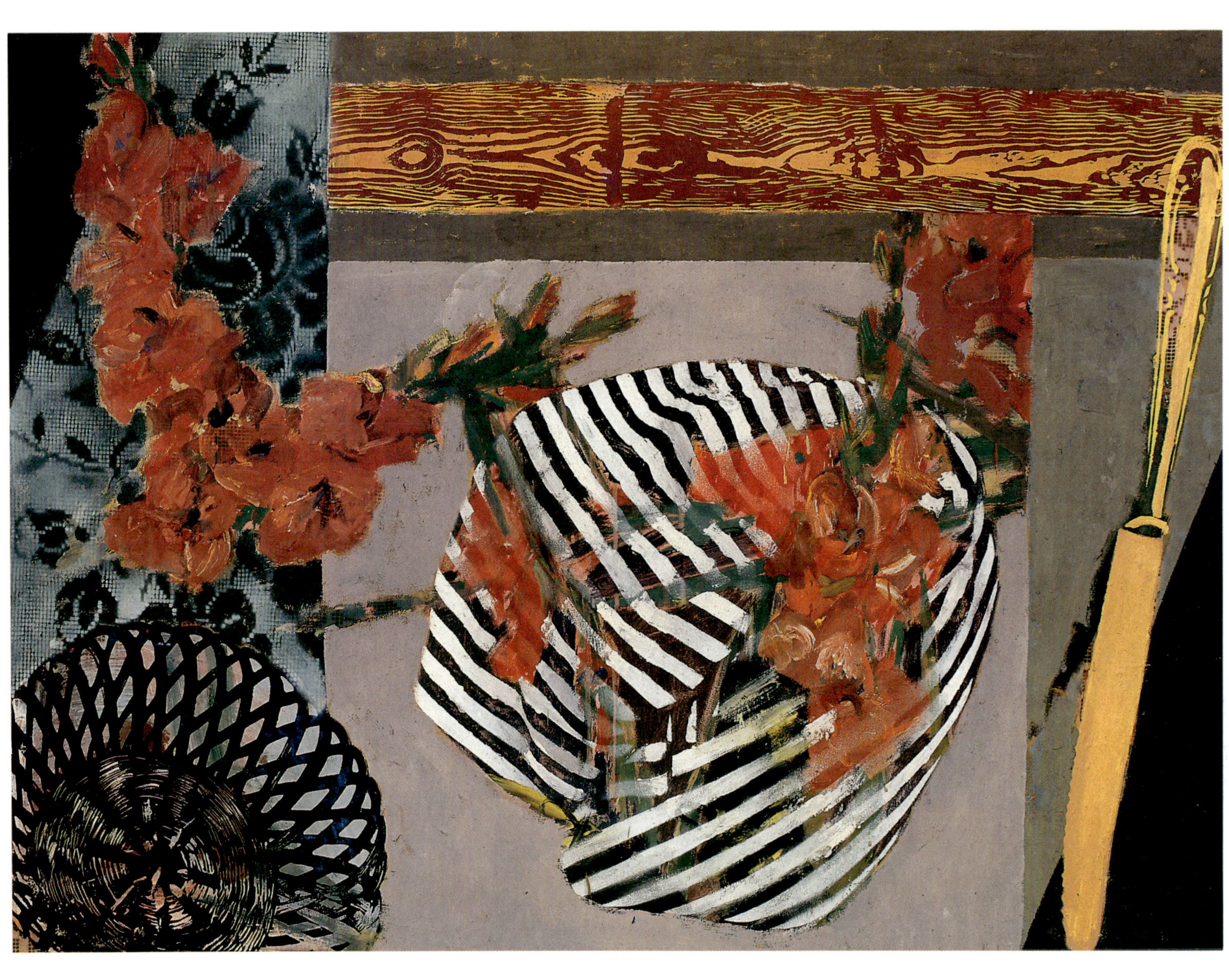

Kleines Schaufenster, 1989, 110 × 150 cm
Little Shop-Window

38

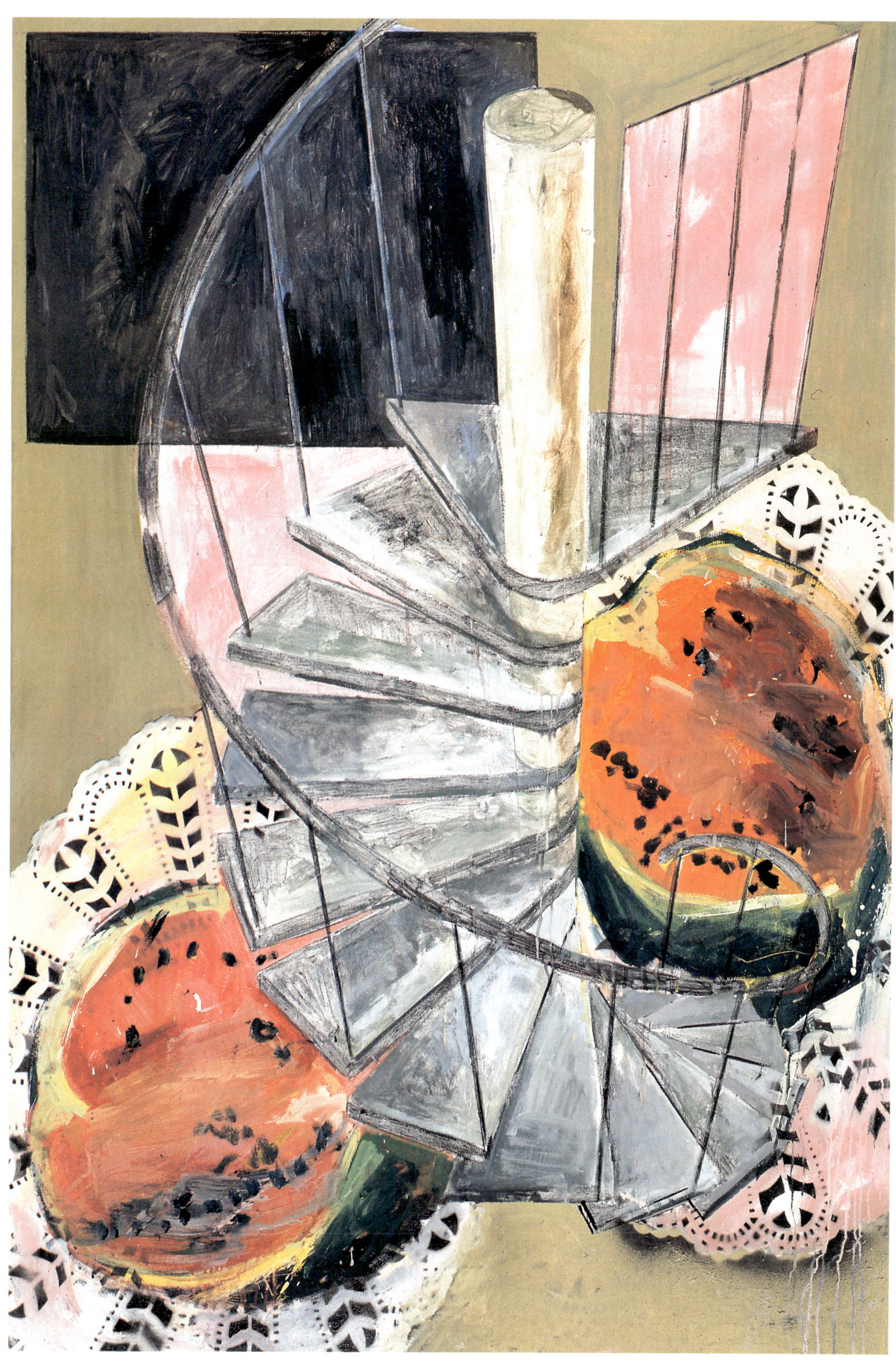

Wendeltreppe, zwei Melonenhälften, 1989, 200 × 135 cm
Winding Staircase, two Halfs of a Melon

# Peter Koch

1958  geboren in Stuttgart
1977  Freie Kunstschule Stuttgart
1978  Fotoschule Lazi Stuttgart
1980 – 84  Kunstakademie Stuttgart
        bei Erich Mansen und Herwig Schubert
1985  Hochschule der Künste, Berlin
        bei Georg Baselitz
1985 – 88  Kunstakademie Düsseldorf
        bei Dieter Krieg
1987  Meisterschüler

Lebt in Düsseldorf und Sindelfingen

## Ausstellungen

1982  Galerie Gespräch, Stuttgart (E)
1984  Galerie Rainer Wehr, Stuttgart (E)
        „Großer Raum", Orgelhalle Karlsruhe
1985  Ministerium für Wissenschaft und Kunst, Bonn
        Rathaus Reutlingen
        Freie Berliner Kunstausstellung
1986  Galerie Rainer Wehr, Stuttgart (E)
        „Sechs Künstler aus Baden-Württemberg",
        Kunsthalle Recklinghausen
        Freie Berliner Kunstausstellung
1987  Galerie unterm Turm, Stuttgart
        „Ein großes Bild", Kleine Galerie der Stadt Bad Waldsee
        Haus Seilersee, Iserlohn (E)
1988  Galerie das fenster, Köln (E)
        Große Kunstausstellung, Düsseldorf
1989  Galerie der Stadt Iserlohn (E)
        Ballhaus Nordpark, Düsseldorf
        Haus Dr. Murken, Gütersloh (E)
        Kleine Galerie der Stadt Bad Waldsee (E)
1990  Galerie Konrad Mönter, Meerbusch (E)
        Haus Wilhelmshöhe, Karlsruhe-Ettlingen (mit Ingrid
        Hartlieb)
        Galerie der Stadt Sindelfingen (mit Jörg Eberhard
        und Bernd Petri)


Impressum

Herausgeber:
Staatliche Akademie der bildenden Künste Stuttgart
Am Weißenhof 1, 7000 Stuttgart 1

Gestaltung:
Renate Wallerath, Peter Koch

Fotografie:
Tilo Riedel, Köln

Übersetzungen:
Gisela Schimmelpfennig, Elfriede Kurz

Gesamtherstellung:
Druck und Verlag Schuffelen, 5024 Pulheim

Ausstellung und Katalog wurden gefördert vom
Ministerium für Wissenschaft und Kunst Baden-Württemberg

Vertrieb:
Edition Cantz, Hallstraße 41 c, 7000 Stuttgart 50

ISBN-Nummer 3–89322–112–3